Die 99 häufigsten Gartenirrtümer

Joachim Mayer

Die 99 häufigsten Gartenirrtümer

Bassermann

ISBN 978-3-8094-3006-3

© 2013 by Bassermann Verlag, einem Unternehmen der Verlagsgruppe Random House GmbH, 81673 München

Umschlaggestaltung: Atelier Versen, Bad Aibling
Projektleitung: Andrei-Sorin Teusianu
Illustrationen: Hans-Jürgen Feldhaus
Gesamtproducing: berliner buch.macher
Herstellung: Sonja Storz

Druck und Bindung: GGP Media GmbH, Pößneck
Printed in Germany

MIX
Papier aus verantwor-
tungsvollen Quellen
FSC® C014496
www.fsc.org

Das für dieses Buch verwendete FSC®-zertifizierte Papier *München super* liefert Arctic Paper Mochenwangen GmbH.

817 3635 4453 6271

Inhalt

Chaos am Kompost

Possen gegen Plagegeister

Nebulöse Naturliebe

Ratlos am Rasen

Blümerant im Blumengarten

Vorwort

»Die kürzesten Irrtümer sind immer die besten.« Molière
»Erfahrung nennt man die Summe all unserer Irrtümer.«
Thomas Alva Edison

Im Mittelalter wurden Maikäfer, Raupen, Heuschrecken und Mäuse vor kirchliche Gerichte zitiert und mit Bannflüchen belegt. So hoffte man damals, die Pflanzenschädlinge in den Griff zu bekommen. Das war vermutlich ein Irrtum. Als die Kartoffel im 16. Jahrhundert von Amerika nach Europa eingeführt wurde, hielten sie viele für eine Zierpflanze. Manche verkosteten mutig die Beeren oder grüne Knollenteile und erlitten dadurch schwere Vergiftungen. Deshalb erschien die Kartoffel als Nahrungsmittel völlig ungeeignet. Auch das war ein Irrtum.

Heute belächeln wir solche Fehleinschätzungen, weil wir viel besser informiert sind. Beim Gärtnern profitieren wir nicht zuletzt vom Wissen, das die Gartenbau- und Agrarwissenschaften über Jahrhunderte gewonnen haben. Umwälzende Erkenntnisse, die alles komplett über den Haufen werfen, wird es hier wohl nicht mehr geben. Doch immer wieder zeigen Untersuchungen zu einzelnen Pflanzen und Praktiken: Was bisher als richtig und wichtig galt, war nicht immer der Weisheit letzter Schluss. Ähnliches stellen des Öfteren auch Gartenprofis anhand ihrer täglichen Praxis fest.

Zum schönen grünen Hobby kursieren unzählige Tipps und Meinungen. Viele davon sind gut und bewährt. Und man sollte die Erfahrungen der Altvorderen nie geringschätzen, selbst wenn sie nicht immer wissenschaftlich belegt sind. Aber manche Vorstellungen sind auch eindeutig überholt, manche stimmen bestenfalls zur Hälfte. Oder sie stammen nur aus der gärtnerischen Gerüchteküche und waren noch nie von Nutzen. Dazu kommen die vielen Holzwege, auf die man leicht gerät, wenn man es mit seinen Pflanzen »zu gut« meint.

Nicht nur das Gartenwissen entwickelt sich weiter. Auch moderne Züchtungen und Gartenhilfsmittel führen dazu, dass manches nicht mehr nötig ist, was früher als zwingend angesehen wurde. Zudem zeigt heute der Klimawandel Auswirkungen auf gärtnerische Gepflogenheiten. Schließlich hat sich auch die Einstellung zum Garten in den letzten Jahrzehnten gewaltig geändert. Der typische 60er-Jahre-Garten, in dem es nur Rasen, Rosen und Koniferen gab, akkurat überpflegt mit Unmengen an Torf, Blaukorn und Unkrautvernichtern: Das ist heute für die allermeisten Gartenbesitzer »megaout«.

»Irren ist menschlich« und »Aus Fehlern wird man klug«: Dies gilt für die Jahrtausende alte Geschichte des Gartenbaus ebenso wie für jeden, der heute in seinem Garten werkelt. Lassen Sie sich von diesem Buch anregen, auf eventuelle Irrungen und Wirrungen in Ihrem Gartenalltag zu achten, sie mit Humor zu nehmen und, wenn nötig, zu vermeiden. Ignorieren Sie am besten gleich einen grundlegenden Irrtum: dass Pflanzen immer und überall nach den gleichen Patentrezepten »funktionieren«. Das tun sie als lebendige und manchmal eigenwillige Wesen sicher nicht.

Viel Spaß und Erfolg beim Gärtnern wünscht Ihnen
Joachim Mayer

Patzer beim Pflanzen

Pflanzen-»Schnäppchen« lohnen sich immer

Zu Saisonzeiten bieten Internet-Versender, Baumärkte, Supermärkte und sogar Discounter oft ausgesprochen preiswerte Jungpflanzen an. Darunter finden sich durchaus gute, brauchbare Pflanzen, Stauden und Gehölze, die einen als »echte Schnäppchen« erfreuen können. Der einzige Nachteil besteht scheinbar darin, dass man sich mehr in den Einkaufswagen packt, als man später in seinem Garten unterbringen kann.

Nach dem Auspflanzen allerdings macht sich nicht selten Ernüchterung breit: Einige der Pflänzchen wachsen schlecht an, andere beginnen früh zu kränkeln. Bei langlebigen Schönheiten wie Stauden und Gehölzen zeigen sich Qualitätsmängel oft erst mit der Zeit. Dann rächt sich so manches Schnäppchen, erst recht, wenn es durch etwas Neues ersetzt werden muss. Billig-Anbieter müssen halt auch billig einkaufen – da spielt nachhaltige Qualität nicht immer die Hauptrolle. Außerdem hat das Personal in der Regel nicht gelernt, wie man die Pflänzchen bis zum Verkauf optimal hegt und pflegt (positive Ausnahmen: Garten-Fachabteilungen in manchen Baumärkten).

Ganz anders sieht das aus, wenn Sie Ihre Pflanzen in einer Gärtnerei einkaufen, die dem Bund deutscher Staudengärtnereien oder deutscher Baumschulen (BdB) angeschlossen ist. Die vermehren ihre Pflanzen selbst oder beziehen sie von gründlich überprüften Betrieben, unterliegen hohen Qualitätsstandards und regelmäßigen Kontrollen. Besonders hochwertige Pflanzen bieten Gärtnereien, die mit den Gütesiegeln »Qualitätszeichen Stauden« oder »Deutsche Markenbaumschule« ausgezeichnet wurden. In Gärtnereien können Sie zudem mit guter, kompetenter Beratung rechnen. Ähnliches gilt für die »Fach-Garten-Center«, die allerdings nicht ganz so strenge Gütekriterien haben.

Wenn schließlich alles so grünt, blüht und gedeiht wie erhofft – dann haben sich die paar Euro mehr, die Sie in Fachbetrieben ausgeben, in jedem Fall gelohnt.

2 Beim Pflanzen bloß keine Lücken lassen

Ein Beet, einen Gartenbereich oder sogar den kompletten Garten neu anlegen: So wird der Traum vom grünen, blühenden Paradies zur Wirklichkeit. Doch wenn man schließlich daran geht, die jungen Sträucher, Bäume und Stauden auf der Fläche zu verteilen, sieht das noch wenig traumhaft aus: Hier ein Pflänzchen, da ein Pflänzchen und jede Menge Zwischenraum. Da braucht man schon viel Fantasie, um sich das spätere Aussehen vorzustellen. Wenn Sie deshalb die Pflanzen »ein bisschen dichter« setzen als empfohlen und »hier und da« noch etwas in die Lücken pflanzen – dann begehen Sie einen allzu menschlichen, sehr verbreiteten Gärtnerirrtum.

Bei den Stauden und Kleinsträuchern zeigt er sich schon nach wenigen Jahren: Sie bedrängen sich gegenseitig, manche werden überwuchert und verschwinden nach kurzer Zeit ganz, Prachtstauden, wie Rittersporn und Phlox, können sich nicht richtig entfalten. Mit der Zeit kommen sich dann auch die größeren Gehölze ins Gehege. Bei breit ausladendem Wuchs oder kräftigem Wurzelwerk kann unter ihnen kaum noch etwas anderes gedeihen. Und die anfangs so zierlichen Bäumchen tauchen irgendwann alles in den Schatten.

Sicher kann man später vieles noch umpflanzen, sogar Bäume. Nur stellt sich dann die Frage: wohin, wenn alles schon dicht bewachsen ist? Zudem wird es lästig, wenn man den Garten immer wieder »umkrempeln« muss. Da hilft nur eins: eine von vornherein gut durchdachte Bepflanzung, die die nötigen Abstände und späteren Größen und Breiten der Gewächse berücksichtigt – und ausreichend Geduld. Die anfänglichen Lücken in einer jungen Bepflanzung lassen sich hervorragend mit kurzlebigen, reich blühenden Sommerblumen wie Studentenblumen (Tagetes), Ringelblumen und Zinnien füllen.

Grenzabstand zum Nachbarn: 1 Meter reicht

3

Dass man Hecken, Sträucher und Bäume nicht direkt auf die Gartengrenze zum Nachbarn pflanzen sollte, weiß und versteht jeder. Schließlich würde einem das selbst nicht gefallen, wenn sich vom Nachbargarten aus Zweige, Äste und Wurzeln weit ins eigene Grundstück hinein ausdehnen und immer mehr Schatten werfen. In solchen Fällen drohen Streitereien, schlimmstenfalls müssen die Gehölze komplett entfernt werden. Bei den nötigen Mindestabständen verlassen sich viele auf Faustzahlen, die sie irgendwo aufgeschnappt haben, beispielsweise »0,5 m für Hecken« oder »1 m für Bäume«. Ganz so einfach ist es nicht.

Die Nachbarrechtsgesetze, die z. B. auch Vorschriften für Einfriedungen und Baulichkeiten im Garten umfassen, sind Sache der Bundesländer. Entsprechend unterscheiden sich die festgelegten Grenzabstände für Gehölze je nach Bundesland. Die meisten Bundesländer haben detaillierte Regelungen für verschiedene Gehölzgrößen und Wuchstypen (Hecke, Strauch oder Baum); oft gelten auch für Obstbäume und -sträucher besondere Vorschriften. Für Hecken beispielsweise sind je nach Bundesland und Wuchshöhe zwischen 0,25 und 1 m Abstand nötig, für Bäume zwischen 2 und 8 m. Mit Höhe ist dabei jeweils die Endhöhe gemeint, die Abstände werden von der Mitte des Stamms oder Strauchs gemessen.

Bayern, Bremen, Hamburg und Mecklenburg-Vorpommern haben zwar auf Nachbarrechtsgesetze mit ausführlichen Angaben verzichtet, aber auch hier gibt es teils konkrete Regelungen, die sich aus anderen Gesetzen oder Bebauungsplänen ergeben. Wenn Sie unnötigen Ärger vermeiden möchten, erkundigen Sie sich am besten bei der zuständigen Orts- bzw. Kreisverwaltung oder Baubehörde nach den vor Ort geltenden Regelungen. Am besten ist es natürlich, wenn man seine Pflanzpläne vorher auch mit den Nachbarn abspricht – z. B. bei einem kühlen Bier am Gartenzaun.

In die Pflanzlöcher kommt nur allerfeinste Erde

Ganz klar, die Wurzeln junger Blumen, Stauden, Gemüsepflänzchen, Rosen und anderer Gehölze sollten im Boden möglichst optimale Bedingungen vorfinden: locker, luftig, gut durchlässig, mit ausreichendem Nährstoffvorrat. Manche meinen es besonders gut, indem sie nach dem Einsetzen der Pflanzen den zuvor ausgehobenen Boden links liegen lassen und stattdessen die Löcher und Gruben nur mit dem »Allerfeinsten« auffüllen: z. B. mit reinem Kompost oder gar mit gekaufter Blumenerde.

Das kann kräftig nach hinten losgehen, besonders bei mehrjährigen Pflanzen, die mit der Zeit ein ausgedehntes Wurzelwerk entwickeln sollen. Genau das tun sie nämlich nicht, wenn die Erde im Pflanzloch wesentlich besser ist als der Boden in der Umgebung. Dann entsteht der sogenannte Blumentopf-Effekt: Die Wurzeln wachsen höchstens noch ein bisschen innerhalb der »Luxuszone« – aber längst nicht so weit, so tief und so kräftig, um die Pflanzen zuverlässig mit Wasser und Nährstoffen zu versorgen. Das kann auf Dauer zum Kümmern und Absterben der Pflanzen führen und vermindert zudem ihre Standfestigkeit.

Ist der Boden rund um die Pflanzstelle sehr dicht oder aber allzu sandig und nährstoffarm, sollte er zunächst möglichst großflächig verbessert werden. Erst dann macht es auch Sinn, den ausgehobenen Boden vor dem Wiedereinfüllen ins Loch zu »optimieren«: durch Untermischen von gut ausgereiftem Kompost (mit einem

Anteil von einem Viertel, höchstens einem Drittel) und, wenn nötig, etwas Sand oder feinem Splitt zum Auflockern. Blumenerde dagegen bringt im Garten nichts. Wenn kein eigener Kompost zum Untermischen vorhanden ist, investiert man das Geld besser in guten käuflichen Kompost.

5 Gehölze werden stets im Herbst gesetzt

Das Spätjahr, also Oktober/November, ist der klassische Pflanztermin für Sträucher und Bäume. Das aus gutem Grund – sofern es sich um laubabwerfende Gehölze handelt, die nackte, fast erdfreie Wurzeln haben oder in der Baumschule mitsamt einem Erdballen ausgegraben wurden; der Ballen wird dann durch ein Jutetuch oder Drahtgeflecht zusammengehalten. Nachdem die Blätter im Herbst abgefallen sind, befinden sich die oberirdischen Teile im Ruhezustand, brauchen also kaum Wasser. So können die Wurzeln über Herbst und Winter erst einmal anwachsen und neue Seiten- und Faserwurzeln bilden, um dann im nächsten Jahr den neuen Austrieb zu versorgen, der oft erst im April oder Mai erscheint.

Doch es gibt etliche Ausnahmen von der Herbst-Regel, allen voran die etwas frostempfindlichen Gehölze, etwa Magnolie, Hortensie, Roseneibisch, Schmetterlingsstrauch (Buddleja), Pfirsich, Quitte und Kiwi. Hier können Sie mit einer Frühjahrspflanzung Frostschäden an den zarten Junggehölzen aus dem Weg gehen. Bis zum nächsten Winter sind sie dann schon kräftig genug, um mit leichter Schutzabdeckung des Wurzelbereichs der Kälte zu trotzen.

Bei immergrünen Nadel- und Laubgehölzen, wie Fichte, Kiefer und Feuerdorn, gibt es keine Ruhepause: Hier müssen die Wurzeln nach dem Einsetzen so schnell wie möglich die Blätter bzw. Nadeln versorgen. Deshalb pflanzt man sie schon zeitig im September, damit sich das Wurzelwerk im noch warmen Boden rasch entwickeln kann. Oder man weicht ebenfalls auf das Frühjahr aus, was sich besonders für Lorbeerkirsche, Buchs, Stechpalme und Lavendelheide empfiehlt.

Schließlich sind die traditionellen Pflanztermine auch nicht mehr ganz so wichtig, weil die meisten Gehölze als Containerpflanzen angeboten werden. Solche Jung-gehölze wurden von Beginn an in großen Plastiktöpfen (Containern) oder kräftigen Kunststoffhüllen angezogen. So haben sie beim Verkauf bereits einen kompakten, gut durchwurzelten Erdballen und können jederzeit gepflanzt werden – sofern der Boden nicht gefroren ist. Wählen Sie aber auch für Containerpflanzen nicht unbedingt die heißesten und trockensten Sommerwochen: Spätes Früh-jahr, Frühsommer und Frühherbst sind hier meist die besten Pflanzzeiten.

Je früher man Pflanzen vorzieht, desto besser

Im Frühjahr wetteifern viele Gärtner darum, wer beim Vorziehen von Tomaten und anderem Gemüse, von Kräu-tern und Sommerblumen als Erstes in die Startlöcher kommt. Teils schon ab Ende Januar wird munter gesät, um dann die Anzuchtgefäße am warmen Fensterbrett oder im beheizten Kleingewächshaus aufzustellen. Selbst-verständlich ist es gut, wenn bis zur Pflanzzeit bereits kräftig entwickelte Pflänzchen zur Verfügung stehen. Aber gerade das wird durch den voreiligen Frühstart oft eher behindert als gefördert.

Bei ausgesprochener Frühsaat fehlt es in der Regel am Licht. Dem recken sich dann die vorwitzigen Pflänzchen verzweifelt entgegen und bilden so lange, dünne Stängel und Triebe mit großen Abständen zwischen den Blattansätzen. Die Sämlinge »vergeilen«, wie es in der Fachsprache heißt: Statt stämmiger Jungpflanzen wachsen gakelige Gestalten mit kleinen, blässlichen Blättern heran. Um dem vorzubeugen, werden die Anzuchtgefäße oft an die hellsten Südfenster gestellt. Wenn dort aber an klaren Tagen die kräftige Vorfrühlingssonne hinknallt, ist das für die zarten Sämlinge kein Vergnügen: Sie brauchen Licht, aber keinesfalls pralle Sonne.

Wer sehr früh zu kräftigen Pflänzchen kommen möchte, muss es wie die Profis machen: nämlich die Anzuchtplätze mit speziellen Pflanzenvermehrungsleuchten ausstatten. Ob sich das lohnt, sei dahingestellt – denn was nützen die »frühreifen« Pflanzenzöglinge, wenn es draußen noch zu kalt ist, um sie auszupflanzen? Im Allgemeinen rentiert sich die sehr frühe Anzucht nur, wenn Sie Tomaten, Paprika & Co. in einem Gewächshaus weiterkultivieren, also auch schon zeitig auspflanzen können. Oder wenn Sie Blumen mit sehr langer Entwicklungszeit selbst vorziehen wollen, so z. B. Eisbegonien, Löwenmäulchen und samenvermehrbare Pelargonien (Geranien).

Pannen beim Pflegen

Im Sommer ist ständiges Wässern angesagt

Bei längerer Trockenheit brauchen die meisten Pflanzen gießkräftige Unterstützung - und das regelmäßig. Dies ist völlig korrekt und soll hier keinesfalls verwässert werden. Doch viele meinen es besonders gut, indem sie täglich und flächendeckend Gießkanne, Schlauch oder Regner in Betrieb nehmen. Da dies aber viel Zeit und Wasser kostet, bekommt in der Praxis alles ein bisschen vom kostbaren Nass ab, aber kaum etwas richtig.

Diese tägliche »Tröpfelmethode« hat zwei Nachteile: Zum einen verdunsten die oberflächlichen Wassergaben zum großen Teil schon, bevor sie richtig in den Boden eindringen; zum andern konzentrieren die Pflanzen ihr Wurzelwachstum dann nahe der Erdoberfläche, statt kräftig in die Tiefe zu streben, um auch für Notzeiten gewappnet zu sein. Für die meisten Blumen, Stauden, Gemüse und Kleinsträucher ist es viel besser, wenn sie nicht ganz so oft, aber gründlich versorgt werden: mit rund 10–20 Liter Wasser pro m², dies ohne Brauseaufsatz direkt in den Wurzelbereich – wenn nötig, mit kleinen Pausen, damit das Nass gut einsickern kann. Bei größeren Gehölzen können es durchaus »Fuhren« bis zu 50 Liter sein. So wird der Boden auch im tieferen Bereich gut durchfeuchtet.

Wenn Sie solche Wassergaben dann morgens oder – zweitbeste Lösung – abends geben, also zu verdunstungsarmen Tageszeiten, erhalten die Pflanzen einen brauchbaren Vorrat. Der reicht dann auch im Sommer oft für mehr als einen Tag, bei Gehölzen sogar für eine Woche oder länger. Gießen müssen Sie erst wieder, wenn der Boden 5–10 cm unter der Oberfläche abgetrocknet ist.

Gleichmäßigere Feuchtigkeit – mit jeweils kleineren Wassermengen – brauchen vor allem Saaten und frisch gesetzte Jungpflanzen: Hier lässt man die Oberfläche nie ganz abtrocknen, hält sie aber keinesfalls dauernass.

Ansonsten gilt die alte Gärtnerregel: »Einmal hacken spart dreimal gießen«. Denn beim Lockern freier Bodenflächen, z. B. in Beetzwischenräumen, werden viele hauchfeine Kanälchen im Boden zerstört; über diese Kapillaren kann andernfalls das Bodenwasser nach oben steigen und verdunsten. Auch durch Mulchen lässt sich die Verdunstung des Bodens reduzieren.

8 Eine Dusche tut den Pflanzen immer gut

Wenn nach heißen, trockenen Sommertagen ein erfrischender Regen vom Himmel fällt, sieht man die Pflanzen geradezu aufatmen. Da erscheint es naheliegend, die Naturbewässerung mit kräftigem Schlauchstrahl oder mit einem Regner zu imitieren.

Doch eine häufige Dusche von oben bekommt den Pflanzen oft schlechter als erhofft. Wie sich das auswirkt, hängt vor allem von der Tageszeit ab. Ein gründliches Überbrausen am Morgen tut tatsächlich vielen Pflanzen gut. In der heißen Mittagshitze dagegen wird die Duschmethode heikel. Manche halten es für einen Gärtnermythos, dass Wassertropfen in der prallen Sonne zu Blattverbrennungen führen, weil sie die Lichtstrahlen wie eine Lupe bündeln. Eine wissenschaftliche Untersuchung hat gezeigt, dass das tatsächlich vorkommt, allerdings nur bei Blättern, die mit kleinen Härchen bedeckt sind. Hier können die Tropfen die Blattoberfläche nicht direkt benetzen, wirken dadurch nicht kühlend und haben stattdessen die »ideale« Brennweite, um Blattverletzungen hervorzurufen.

Wenn das versprühte Nass nicht gerade vorgewärmt aus einer riesigen Regentonne kommt, kann es zudem Kälteschocks verursachen: Zwischen den kräftig besonnten Pflanzen und dem kühlen Wasser aus der Leitung oder einer unterirdischen Zisterne liegen gewaltige Temperaturunterschiede. Die positiven Effekte des Beregnens in voller Sonne sind dagegen sehr bescheiden: Hierbei verdunstet schon ein beträchtlicher Teil des Wassers, bevor es auf den Pflanzen oder am Boden auftrifft.

Anders beim Übersprühen am späten Abend: Danach bleiben Blätter, Blüten und Früchte sowie der Boden bis weit in die Nacht hinein feucht. Zur großen Freude von Pilzkrankheiten und Schnecken: Unter diesen Bedingungen können sie sich optimal ausbreiten.

Unkräuter müssen radikal beseitigt werden

9

Ob man sie nun Unkräuter, Wild- oder Beikräuter nennt: Die »Selbstansiedler« können äußerst unangenehm werden. Sie konkurrieren mit den Gartenpflanzen um Nährstoffe und Wasser und überwuchern diese teils komplett, wenn man nicht rechtzeitig eingreift. So ist es richtig und empfehlenswert, hartnäckige Wurzelunkräuter wie

Quecke, Giersch, Distel, Ackerwinde und Klette frühzeitig, konsequent und möglichst komplett zu entfernen, besonders, wenn sie in Beeten auftauchen. Das gilt ebenso für Unkräuter, die sich durch starke Samenbildung massiv verbreiten, z. B. Franzosenkraut, Hirtentäschelkraut und Melde.

Aber ein blitzsauberer Garten, in dem jedes Kräutlein sofort eliminiert wird, erfordert einen gewaltigen Aufwand und ist auch gar nicht erstrebenswert. Wenn z. B. das Rasengrün durch ein paar Gänseblümchen und Wilde Stiefmütterchen aufgelockert wird, finden das heute viele Gartenbesitzer ganz erfreulich. Allerdings dürfen solche Blümchen nicht überhand nehmen. Das erreicht man aber auf Dauer viel besser durch eine gute Rasenpflege als durch Rupfaktionen und Herbizideinsätze. Wird der Boden zwischen gut angewachsenen Gemüsepflanzen, Obst- und Ziergehölzen von zarter Vogelmiere und Taubnessel überzogen, ist das ein meist erträglicher Konkurrenzbewuchs; er hat sogar Vorteile, weil er die Bodenverschlämmung und -erosion mindert. Manche Winzer dulden deshalb sogar – gut kontrollierten – Wildwuchs zwischen ihren Weinstöcken und sehen darin einen weiteren Vorzug: Eine Vielfalt blühender Kräuter lockt zahlreiche Nützlinge an, die sich durch munteres Vertilgen von Schädlingen revanchieren.

Aus demselben Grund sind auch abgelegene Gartenecken, in denen alles wachsen darf, eine feine Sache. Brennnesseln z. B. bieten etlichen Insekten Nahrung, darunter rund 50 Schmetterlingsarten. Außerdem lassen sich aus dem Brennnesselkraut Brühen und Jauchen herstellen, die man hervorragend als natürliche Dünger und teils auch Schädlingsbekämpfungsmittel nutzen kann.

Nicht zuletzt können Sie manche Unkräuter auf

ökologisch höchst korrekte Weise beseitigen, indem Sie sie mit Genuss essen. Junge Blätter z. B. von Brennnesseln, Giersch, Vogelmiere, Melde und Spitzwegerich ergeben gesunde und schmackhafte Salate, Gemüse und Quarkzutaten. Und von Gänseblümchen und Löwenzahn munden sogar die Blüten und Knospen.

Herbstlaub – einfach nur lästig

Wunderschön, wenn sich im Herbst die Blätter der Bäume und Sträucher prächtig verfärben, und furchtbar mühsam, das Falllaub immer wieder abzuharken und säckeweise zur Grüngutsammelstelle zu transportieren. Es ist sicher auch kein Irrtum, den Rasen von Blättern freizuhalten: Unter feuchten Laubansammlungen könnten die Gräser faulen. Auch auf Wegen und Treppen ist das Laubfegen oder –saugen wichtig, sonst droht bei Nässe Rutschgefahr. Darüber hinaus empfiehlt sich generell das Entfernen von Blättern mit deutlichem Krankheits- und Schädlingsbefall, besonders unter Obstgehölzen.

Aber ansonsten ist die akkurate Laubbeseitigung oft unnötige Liebesmüh. Denn mit ihren abfallenden Blättern liefern die Gehölze ein hervorragendes Winterschutz- und Mulchmaterial. Wenn Sie es unter Bäumen und Sträuchern einfach liegen lassen, schützt es den Wurzelbereich vor Frösten und verwandelt sich beim Verrotten in wertvollen, nährstoffhaltigen Humus. Davon profitieren auch Frühjahrszwiebelblumen, die unter den Gehölzen wachsen.

Weiteres Falllaub lässt sich leicht umverteilen: rund um empfindliche Stauden, Kräuter, Junggehölze und Wintergemüse, wo es eine gute Schutzdecke bildet. Oder auch auf leere Beete, um dort den Boden zu verbessern, das nützliche Bodenleben anzuregen und die Oberfläche vorm Verschlämmen zu bewahren. Achten Sie aber darauf, dass die Laubpackungen nicht zu dick werden, damit sie keine Wühlmäuse anlocken.

Ist dann noch Laub übrig, können Sie es erst mal in einer abgelegenen Gartenecke sammeln, am besten aufgelockert mit einigen Ästen oder Steinen: Solche Haufen nehmen Igel, Marienkäfer, Ohrwürmer und andere Nützlinge gern als Winterquartier an. Oder Sie schichten es, gut vermischt mit gröberen Gartenabfällen, am Kompostplatz auf und erhalten dann nach etwa einem Jahr vorzüglichen Laubhumus. Bei schwer zersetzbarem Laub, etwa von Eichen und Walnuss, hilft es, wenn Sie zusätzlich etwas Hornspäne, Kalk und Gesteinsmehl untermischen und zwischendurch Schichten von bereits fertigem Kompost einbringen.

Im Winter gibt's draußen nichts zu tun

Mit dem letzten Rasenmähen, dem Laubharken, dem Rückschnitt von Stauden und der Bodenlockerung in abgeräumten Beeten geht das Gartenjahr dem Ende entgegen. Wenn man dann noch empfindliche Pflanzen ins Haus geholt und andere mit etwas Laub und Fichtenreisig abgedeckt hat, kann man sich entspannt zurücklehnen. Draußen wird's ohnehin ungemütlich ...

»Irrtum«, würden da die immergrünen Nadel- und Laubgehölze sagen, wenn sie sprechen könnten. Denn häufig leiden Fichte, Lebensbaum, Lorbeerkirsche, Rhododendron & Co. über Winter unter Trockenheit – weil oft vergessen wird, dass sie über ihre Nadeln und Blätter auch im Winter Wasser verdunsten. Bleibt der Boden dann längere Zeit gefroren, können die Wurzeln keinen Nachschub mehr liefern. Bräunliche Blattpartien und Nadelfall werden meist für Frostschäden gehalten, sind aber oft die Folge solcher Trockenphasen. Dem können Sie vorbeugen, indem Sie die Immergrünen gelegentlich kräftig gießen, wenn der Boden nicht gerade gefroren ist.

Wenige denken zudem daran, dass sich bei Frost der Oberboden etwas hochdrückt. So kann es passieren, dass sich im Herbst gesetzte Stauden und Gehölze anheben und ihre Wurzeln den Erdkontakt verlieren. Dann sollte man möglichst bald den Boden rund um die Pflanzen wieder fest andrücken. Eine weitere sinnvolle Winteraktion ist das Abfegen oder Abschütteln dicker Schneeauflagen von Ästen und Hecken, um Astbruch und dem Auseinanderdrücken der Zweige vorzubeugen. Der Gehölzschnitt dagegen hat noch Zeit, mindestens bis zum Winterende, und sollte keinesfalls bei Minustemperaturen durchgeführt werden.

12 Drinnen überwinterte Pflanzen lieben die Frühjahrssonne

Kälteempfindliche Kräuter und Wasserpflanzen, Topf-
rosen und typische Kübelpflanzen wie Oleander, Oliven-
bäumchen und Agave werden meist in einem kühlen
Raum überwintert. Wenn sie im Frühjahr – die Kübelpflanzen erst ab Mai – endlich wieder Frischluft genießen dürfen, stellen viele Hobbygärtner sie gleich an den
sonnigsten Platz. Schließlich sind gerade die wärmebedürftigen Pflanzen oft ausgesprochene Sonnenkinder.
Das ist gut gemeint, aber nicht wirklich gut.

Selbst wenn die Pflanzen drinnen schon sehr hell standen und Frühjahrssonne abbekommen haben, müssen sie
sich erst wieder an direkte UV-Strahlung gewöhnen; denn
das Fenster-, Wintergarten- und Gewächshausglas lässt
solche Strahlen kaum durch. Deshalb ergeht es den Pflanzen wie uns, wenn wir noch »winterbleich« sind und zu
lange in der Sonne baden: Sie bekommen einen Sonnen-
brand. Das zeigt sich dann in Form von dunklen, röt-
lichen, gelben oder weißlichen Blattflecken und -ver-
färbungen. Teils welken die Blätter und fallen ab, teils
treten auch Rindenflecken und -risse auf.

Stellen Sie deshalb drinnen überwinterte Pflanzen
zunächst für rund
zwei Wochen an einen
schattigen Platz;
nach der zweiten
Woche kann es dann
schon ein halbschattiger
sein, sofern nur die milde
Vormittagssonne hinfällt.

Böcke beim Bodenbearbeiten

Lehm ist ein schlechter, nasser Boden

Grässlich, so ein »lehmiger« Boden: immer dicht, oft feucht bis nass und bei langer Trockenheit hart wie Beton. Beim Hacken und Umgraben fallen einem fast die Arme ab, im Frühjahr erwärmt sich der Boden nur sehr langsam. Vieles wächst darin kümmerlich, Wurzelgemüse wie Möhren entwickeln sich dürftig und häufig verunstaltet, Zwiebelblumen gehen teils sogar ein.

Doch bei einem wirklichen Lehmboden treten solche Probleme kaum auf – das alles sind Symptome eines schweren Tonbodens, der umgangssprachlich oft als »Lehm« eingestuft wird.

Grundsätzlich ist es gut zu wissen, dass sich die oberen 30–50 cm eines Bodens hauptsächlich aus kleinen mineralischen Körnchen zusammensetzen. Dazu kommt ein relativ kleiner (aber wichtiger) organischer Anteil aus Humus, Wurzeln und Bodenlebewesen. Die mineralischen Körnchen unterscheidet man der Größe nach in Sand (grob), Schluff (mittel) und Ton (sehr klein). Ihr jeweiliger Anteil bestimmt die Bodenart. Besteht ein Boden zu über 75 % aus Ton- und Schluffkörnchen, handelt es sich um einen Tonboden; zwischen seinen kleinen, dicht gepackten Teilchen bleibt nur wenig Platz für luft- und wasserführende Poren. Ein Lehmboden dagegen setzt sich ungefähr zu je einem Drittel aus Sand-, Schluff- und Tonkörnchen zusammen. Dadurch bietet er eine ideale Mischung: genug gröbere Teilchen, die für gute Durchlüftung sorgen, und genug kleine Teilchen, die die Wasser- und Nährstoffspeicherung fördern.

So spielt es auch für die Gartenpraxis eine große Rolle,

die Bodenart richtig einzustufen. Während Lehm kaum verbessert werden muss, sind bei Ton nachhaltige Maßnahmen empfehlenswert: etwa Einarbeiten von Sand, Erhöhen des Humus- und eventuell auch Kalkgehalts, Gründüngung und häufige, gründliche Lockerung.

Genauen Aufschluss über Ihre Bodenart erhalten Sie durch eine professionelle Bodenuntersuchung. Aber schon eine einfache Fingerprobe hilft beim Unterscheiden: Angefeuchteter Lehmboden lässt sich zwar fast so gut wie Tonboden zu einer festen Wurst ausrollen, doch beim Ton glänzen die Reibflächen, beim Lehm dagegen sind sie samtig stumpf, und die »Würstchen« werden bereits beim Ausrollen rissig.

14 Beete muss man im Herbst umgraben

Es ist Spätherbst, die letzten Gemüsebeete sind abgeerntet, die Blumenbeete geräumt, und dann kommt, was nach alter Väter Sitte kommen muss: Der Boden wird mit dem Spaten umgegraben, bis zum Schluss die Erdschollen – mit der Unterseite nach oben gewendet – säuberlich aufgereiht daliegen. Wenn es dann über Winter kräftig friert, werden die Schollen schon vorverkleinert, und im Frühjahr verfügt man über einen gut gelockerten Boden.

Doch das Umgraben hat auch gravierende Nachteile. Zum einen ist es anstrengend und strapaziert den Rücken. Zum andern beeinträchtigt es das oft unterschätzte Bodenleben. Packt man eine Handvoll fruchtbaren Bodens, fallen darin vielleicht ein paar Regenwürmer oder Hundertfüßer ins Auge. Doch solch eine Probe enthält noch Milliarden weiterer nützlicher, mikroskopisch kleiner Lebewesen, beispielsweise Springschwänze, Strahlenpilze und Bakterien. Sie alle wirken daran mit, organische Reste in wertvollen Humus umzubauen. Dabei werden auch Humuspartikel mit Tonteilchen zu sehr stabilen Krümeln verkittet. So erhält der Boden eine lockere Feinstruktur, wie man sie allein mit mechanischer Bodenbearbeitung nie erreicht. Nebenbei hält ein vielfältiges Bodenleben auch Schadorganismen in Schach.

Doch bei jedem Umgraben werden die luftliebenden Helfer an der Bodenoberfläche in den sauerstoffarmen Bereich befördert und die in der Tiefe lebenden unsanft nach oben geholt. Dadurch sterben etliche ab, und aufgrund der winterlichen Kälte kann sich das Bodenleben nur langsam wieder erholen. Deshalb ist es vorteilhaft, bei einem Boden, der bereits recht locker und humos ist, auf das Umgraben zu verzichten. Als Alternative empfiehlt sich eine nicht wendende Bearbeitung mit der Grabegabel. Stechen Sie diese in parallelen Arbeitsreihen in den Boden, und rütteln Sie dann die Zinken kräftig hin und her. Zusätzlich oder alternativ können Sie einen Sauzahn (ein Gerät mit großem, gebogenem Zinken) durchs Beet ziehen. Gut vorgelockerte Böden lassen sich auch mit einer Gartenkralle bearbeiten. Kommt zum Schluss darüber noch eine dünne Mulchschicht aus Laub, Kompost oder Rindenhumus, ist optimal für das Bodenleben gesorgt.

Zumindest alle zwei bis drei Jahre sollte man jedoch umgraben, wenn der Boden durch hohen Tongehalt sehr dicht ist. Sinnvoll ist Umgraben außerdem vor jeder Neuanlage, bei stark verunkrauteten Flächen sowie nach Jahren mit starkem Schneckenbefall.

Torf verbessert jeden Boden

Früher gehörte es in vielen Gärten zum jährlichen Ritual: Säckeweise wurde sogenannter Düngetorf herangekarrt und in den Boden eingearbeitet. Auch heute noch greifen etliche Gartenbesitzer auf diese Methode zurück, zumindest bei etwas schwierigen Böden. Sicher spricht manches für den Torf, der in Mooren durch unvollständige Zersetzung von Pflanzenresten entstanden ist. Er hat einen hohen Humusanteil, ist sehr strukturstabil und luftig und kann ausgesprochen gut Wasser speichern. So eignet er sich grundsätzlich für Sandböden ebenso wie für Tonböden.

Die umfangreiche Verwendung von Torf im Garten und in Pflanzerden hat allerdings zur Zerstörung von Moorlandschaften beigetragen, die über Jahrhunderte oder gar Jahrtausende entstanden sind. Wenn das so weitergeht, sind die heimischen Torfvorkommen in absehbarer Zeit erschöpft. Zunehmend wird deshalb Torf importiert, sodass auch Moore in anderen Ländern verschwinden.

Wer darauf verzichtet, muss dem vermeintlichen Allheilmittel aber auch nicht nachtrauern. Zum einen enthält der Düngetorf – entgegen seiner irreführenden Bezeichnung – kaum Nährstoffe, sofern er nicht künstlich aufgedüngt wurde. Zum andern verpuffen die günstigen Effekte des Torfes im Gartenboden recht schnell: Denn seine Humusform, die unter Moorbedingungen gebildet wurde, zersetzt sich im gut belüfteten Gartenboden rasch. Zur Erhöhung des Humusgehalts kann er deshalb nur wenig beitragen. Wird er vorbeugend in großen Mengen untergegraben, bleiben zwar seine Grobanteile lang erhalten. Aber dadurch wird der Boden nicht besser, sondern kann regelrecht »vertorfen«. Und wenn ein Boden mit hohem Torfgehalt einmal richtig austrocknet, zeigt sich eine besondere Tücke dieses Naturmaterials: Es wird hart und spröde und lässt sich nur durch hohe Wassergaben langsam wieder anfeuchten.

Zudem ist der überwiegend verwendete Weißtorf mit einem pH-Wert von 2,5–3,5 ausgesprochen sauer. Wird der Boden durch häufige Torfgaben versauert, beeinträchtigt das nicht nur das Bodenleben, sondern auch viele Pflanzen – mit Ausnahme weniger Spezialisten, wie Himbeeren, Rhododendren und Heidekrautgewächsen, die saures Bodenmilieu bevorzugen.

Unterm Strich ist guter Kompost in jeder Beziehung ein weitaus günstigeres Bodenverbesserungsmittel – und das auch noch kostenlos, wenn man ihn selbst herstellt.

Mist und Kompost wird kräftig untergegraben

16

Kompost ist ein Segen für den Boden: Er erhöht den Humusgehalt, aktiviert das Bodenleben, verbessert die Bodenstruktur und enthält eine ausgewogene Mischung an Nährstoffen, die nach und nach für die Pflanzen aufgeschlossen werden. Ähnlich günstige Wirkungen hat Mist, z. B. Pferdemist aus Reitställen, der zudem deutlich höhere Nährstoffgehalte aufweist. Als Alternative lässt sich abgepackter, getrockneter Rinderdung verwenden. Also nichts wie her mit den Naturdüngern und dann im Herbst beim Umgraben in den Boden einarbeiten, wie es schon der Großvater mit seinem Mist gemacht hat.

Doch Großvaters Methode war alles andere als optimal. Denn das Bodenleben, das für den Ab- und Umbau der Naturdünger zuständig ist, macht in der kalten Jahreszeit weitgehend Pause. Beim Einarbeiten im Herbst werden höchstens leicht lösliche Nährstoffe freigesetzt und sind dann schon ausgewaschen, bevor die Pflanzen sie benötigen. Wird das organische Material dann auch noch tief verbuddelt, fehlt den Bodenorganismen der Sauerstoff, den sie für eine gute Zersetzung dringend benötigen. Vor allem Mist mit hohem Strohanteil bildet dann Nester und Matten im Boden, die schlimmstenfalls zu Luftmangel führen und Schädlinge wie Drahtwürmer anlocken können.

Deshalb ist es viel günstiger, Mist und Kompost mit Grubber, Kultivator oder Krail nur oberflächlich einzuarbeiten: 5–10 cm reichen völlig, in leichten Sandböden auch etwas tiefer, in schweren Tonböden möglichst flach. Für die richtige Weiterverteilung im Boden sorgen dann schon Regenwürmer & Co. Mist bringt man dabei nur dünn auf der Fläche aus und lässt ihn einige Tage anrotten, bevor man ihn einarbeitet. Noch besser ist es, den Mist zuvor zu kompostieren. Da die Naturdünger beim flachen Einarbeiten recht schnell zersetzt werden und so den Pflanzen optimal zugutekommen, wird Frischmist idealerweise im Spätwinter oder zeitigen Frühjahr ausgebracht, gut ausgereifter Kompost erst kurz vor dem Säen und Pflanzen.

Mulchen ist immer gut

Es hat sich herumgesprochen: Mulchen, also das Bedecken freier Bodenflächen mit organischen Materialien, bietet viele Vorteile. Die Mulchauflagen, z. B. aus Rasenschnitt, Laub oder zerkleinerten Pflanzenresten, bewahren die Bodenoberfläche vor schnellem Austrocknen und Verkrusten, schützen die Wurzeln vor extremen Temperaturen und unterdrücken Unkrautaufwuchs. So kann das Mulchen auch viel Arbeit mit der Hacke ersparen. Zudem reichern die Mulchmaterialien beim Verrotten den Boden mit Humus und Nährstoffen an. Macht man's also am besten wie im natürlichen Wald und hält den Boden stets mit Mulch bedeckt?

Zwischen dem Wald und dem Garten gibt es einen augenfälligen Unterschied: An Bäumen richten Nacktschnecken kaum Schäden an; an Gemüsepflänzchen und am zarten Austrieb von Stauden dagegen können sie verheerend zuschlagen. Und eine Mulchschicht bietet den sonnenempfindlichen Weichtieren einen idealen Unterschlupf direkt neben ihren Lieblingsspeisen. Halten Sie deshalb besonders in feuchten Frühjahrswochen die Beete besser frei von Mulch und, wenn nötig, auch in nassen Sommern. Entfernen Sie im Frühjahr zudem die Reste von Mulchauflagen, die als Winterschutz gute Dienste geleistet haben: Dann kann sich der Boden schneller erwärmen und in kühlen Nächten ungehindert Wärme abgeben. Das beugt z. B. Kälteschäden an den Knospen und Blüten frühblühender Obstbäume vor.

Zurückhaltendes Mulchen empfiehlt sich außerdem dort, wo häufig Wühlmäuse ihr Unwesen treiben; ebenso auf nassen Tonböden, die unter einer Bedeckung schlecht abtrocknen. Bringen Sie in solchen Problemfällen

Mulchauflagen nur etwa fingerdick auf. Oder verwenden Sie dünne Schichten von Kompost oder Rindenhumus (nicht: Rindenmulch), die ebenfalls günstige Mulcheffekte haben, allerdings kaum Unkraut unterdrücken.

 **Rindenmulch passt überall**

Um die zuvor beschriebenen Vorteile des Mulchens zu nutzen, greifen Gärtner gern zum Rindenmulch. Diese zerkleinerte, gesiebte Baumrinde ist ein reines Naturprodukt, verrottet sehr langsam und erscheint deshalb zunächst als ideale Bodenbedeckung. In dicken Schichten von wenigstens 5 cm ausgebracht, lässt Rindenmulch zudem wenig Unkräuter aufkommen. So eignet er sich z. B. auch gut als Belag auf unbefestigten Wegen.

Der wuchshemmende Effekt, den wir in Bezug auf Unkräuter schätzen, kann allerdings auch Gartenpflanzen beeinträchtigen. Denn die Baumrinde enthält Substanzen, wie Gerbstoffe, Tannine und Phenole, die sie vor Fress-

feinden schützt. In ausreichend abgelagertem Rindenmulch sind diese Stoffe schon zu einem guten Teil abgebaut, sodass eingewachsenen Sträuchern und Bäumen
keine Gefahr droht. Auch robuste, gut entwickelte Stauden kommen mit Rindenmulch oft noch zurecht. Hier
sollte er jedoch nicht dicker als 3 cm aufgetragen werden
oder, besser noch, durch den verträglicheren Rindenhumus ersetzt werden.

Verzichten Sie ganz auf Rindenmulch zwischen frisch
gepflanzten Blumen, Stauden und bodendeckenden
Kleingehölzen – und erst recht im Gemüse-, Kräuter- und
Erdbeerbeet. Dies nicht zuletzt auch deshalb, weil in
Rindenmulch-Produkten immer wieder recht hohe
Cadmium-Gehalte festgestellt werden. Um bedenklichen
Verunreinigungen vorzubeugen, empfiehlt es sich
ansonsten, nur Rindenprodukte zu wählen, die mit dem
RAL-Gütesiegel der Gütegemeinschaft »Substrate für
Pflanzen« ausgezeichnet sind.

Schließlich ist es gut zu wissen, dass beim allmählichen
Zersetzen von Rindenmulch Stickstoff verbraucht wird.
Deshalb arbeitet man am besten 50–100 g Hornspäne
pro m² ein oder mischt sie unter den Mulch. Der versau-
ernde Effekt von Rindenmulch ist nicht so stark, wie oft
befürchtet; trotzdem kann es nichts schaden, zusätzlich
auch etwas langsam wirkenden Kalk auszubringen.

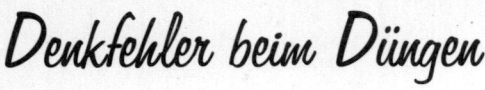

Denkfehler beim Düngen

19 Lieber ein bisschen mehr Dünger als zu wenig

Vor nicht allzu langer Zeit war »viel hilft viel« noch ein allseits beliebtes Dünge-Motto. Zum Glück gehen heute die meisten Hobbygärtner zurückhaltender vor. Aber Hand aufs Herz: Wer richtet sich wirklich genau nach den empfohlenen Mengen auf der Düngerpackung? In der Praxis wird immer mal wieder aufgerundet – nach der Devise: »Das bisschen mehr kann ja nichts schaden.«

Die Düngeempfehlungen auf den Verpackungen sind in der Regel nicht überzogen, aber sie bewegen sich oft schon im oberen Bereich. Wenn man dann noch großzügig »drauflegt«, droht das Risiko einer Überdüngung, zumal sich die Pflanzenarten in ihren Nährstoffansprüchen auch stark unterscheiden. So brauchen z. B. Salat, Oregano und Glockenblumen deutlich weniger Dünger als etwa Tomaten, Schnittsellerie und Rittersporn.

Die meisten Voll- oder Mehrnährstoffdünger haben einen hohen Anteil an Stickstoff. Stickstoff (chemisches Zeichen: N) ist quasi der Motor des Wachstums und sorgt für intensives Blattgrün. Im Übermaß jedoch macht er das Gewebe weich und schwammig. Dadurch werden die Pflanzen anfälliger für Pilzkrankheiten, Blattläuse und andere Schaderreger sowie empfindlicher gegen Kälte. Bei Gemüse kann überhöhte Stickstoffdüngung außerdem zu ungesunden Nitratgehalten im Erntegut führen. Bringt man so viel Stickstoffdünger aus, dass ihn die Wurzeln nicht gleich aufnehmen können, wird er als Nitrat ausgewaschen und belastet dann das Grundwasser.

Auch Kalium (K), Phosphat (P) und Magnesium (Mg) gehören zu den Hauptnährstoffen, die in Düngern in hohen Anteilen enthalten sind. Bei Überdosierung zeigen sie – anders als Stickstoff – kaum direkte Auswirkungen. Aber sie reichern sich im Boden an und blockieren dann die Aufnahme anderer lebenswichtiger Pflanzennährstoffe, beispielsweise Calcium, Eisen, Zink und Bor. Die Stippe bei Äpfeln und die Blütenendfäule bei Tomaten z. B. sind typische Störungen, die aus Kalium- und Magnesiumüberschuss im Boden resultieren. Deshalb: Im Zweifelsfall lieber ein bisschen weniger düngen als zu viel. Wenn der Boden regelmäßig mit Kompost versorgt wird, reicht das für viele Pflanzen schon aus, sodass eine Zusatzdüngung manchmal nur Geld- und Zeitverschwendung ist.

Mineraldünger sind bedenkliche »Kunstdünger«

Viele Gärtner bevorzugen heute organische Dünger. Aus gutem Grund: Die organisch gebundenen Nährstoffe werden, abhängig von Bodenfeuchte, -temperatur und der Aktivität des Bodenlebens, nur allmählich frei gesetzt. So ist die Gefahr einer Überdüngung oder Auswaschung gering. Außerdem fördern die meisten organischen Dünger die Humusbildung. Mineraldünger dagegen gelten oft als »gefährliche Chemie« und werden generell als Kunstdünger eingestuft.

Doch Mineralien sind im Prinzip nichts »Künstliches«. Wichtige Pflanzennährstoffe wie Kalium, Magnesium und Calcium findet man in der Natur hauptsächlich in Gesteinen, also in mineralischer Form. Entsprechend stammen Dünger-Rohstoffe meist aus dem Bergbau. Werden sie nur zerkleinert und vermahlen, wie z. B. kohlensaurer Kalk oder Gesteinsmehle, wirken sie ebenso natürlich wie organische Dünger aus Pflanzen- und Tierresten. Etwas »Kunst« kommt ins Spiel, wenn solche Mineralien chemisch oder physikalisch aufgeschlossen werden. Das verbessert ihre Löslichkeit und beschleunigt die Düngewirkung, sodass man besonders darauf achten muss, eine Überdosierung zu vermeiden. Bei richtiger Anwendung gefährden solche aufbereiteten Mineralien aber weder Umwelt noch Gesundheit.

Eine Ausnahme machen Brannt- und Löschkalk: Sie wirken nicht nur rasch, sondern auch ätzend und sollten im Garten, wenn überhaupt, höchstens zur Schneckenbekämpfung verwendet werden. Noch viel bedenklicher sind jedoch Schadstoffe in Phosphatdüngern, die erst in den letzten Jahren ins öffentliche Interesse gerieten: An vielen natürlichen Lagerstätten sind die Rohphosphate mit Uran vermengt. Bei häufiger mineralischer Phosphatdüngung (die ohnehin meist nicht nötig ist) droht deshalb eine Belastung des Grundwassers mit Uran.

Ein wirklich bedenkliches Kunstprodukt ist schließlich der Stickstoff in mineralischen Düngern: Er wird im Haber-Bosch-Verfahren aus Luftstickstoff und Wasserstoff hergestellt. Diese aufwändige Herstellung belastet die Umwelt durch einen gewaltigen Energiebedarf. Schon von daher ist es eine weise Entscheidung, lieber organische Stickstoffdünger, wie Hornspäne, zu verwenden.

Nitrat ist ein Giftstoff

Vor hohen Nitratgehalten in Salaten, Blatt- und Wurzelgemüse wird völlig zu Recht gewarnt. Ebenso ist es wichtig, dass der Nitratgehalt des Trinkwassers kontrolliert
wird und bestimmte Grenzwerte nicht überschreiten
darf. Aber sollte man diesen gefährlichen Düngestoff
dann nicht gleich aus dem Garten verbannen?

Das wird nicht gelingen. Bei Nitraten handelt es sich um
Salze des lebensnotwendigen Nährelements Stickstoff. Im
Bodenwasser gelöst, sind diese Nitratsalze die Form, in der
die Pflanzenwurzeln den Stickstoff hauptsächlich aufnehmen. In schnell löslichen Mineraldüngern ist der Stickstoff meist schon als Nitrat enthalten. Aber auch der Stickstoff in organischen Düngern wird von Bodenbakterien
weitgehend in Nitrat umgewandelt. Im Normalfall bauen
die Pflanzen dieses recht zügig in wertvolle Aminosäuren
und Eiweiße um.

Zu Problemen kommt es aber bei zu hoher Stickstoffdüngung; dies erst recht, wenn der pflanzliche Stoffwechsel
durch Mangel an Licht, Wärme oder auch Wasser reduziert
abläuft. Dann können die Pflanzen das Nitrat nur sehr langsam verarbeiten. Deshalb weisen besonders Herbst- und
Wintergemüse aus dem Gewächshaus teils beträchtliche
Nitratgehalte auf. Zu den Spitzenreitern zählen hier u. a.
Feld- und Kopfsalat, Spinat, Radieschen, Rettiche und Rote
Rüben. Gibt es noch mehr Nitratüberschuss im Boden, wird
er leicht ins Grundwasser ausgewaschen.

Doch selbst wenn wir Nitrat mit der Nahrung aufnehmen, ist es noch kein Giftstoff. Riskant wird es erst, wenn
daraus unter Einwirkung von Bakterien in der Mundhöhle
oder Darmflora Nitrit entsteht. Dieses kann zur Bildung
krebserregender Nitrosamine führen. Vor allem aber

behindert Nitrit den Sauerstofftransport im Blut, was besonders für Säuglinge höchst gefährlich, ja sogar tödlich werden kann! Verwenden Sie deshalb stickstoffhaltige Dünger – egal ob mineralisch oder organisch – stets mit der nötigen Zurückhaltung. Und lagern Sie vor allem Blatt- und Wurzelgemüse ausreichend kühl; denn Nitrit bildet sich teils auch bei zu warmer Aufbewahrung.

22 Je mehr Kompost, desto besser

Die Vorteile des Komposts wurden bereits im Zusammenhang mit dem – nicht ratsamen – Untergraben (siehe Seite 31) erwähnt. Daran gibt es auch nichts zu rütteln: Kompost ist ein hervorragender Naturdünger, der zugleich den Boden nachhaltig verbessert. Da er bei eigener Herstellung nichts kostet und oft in größeren Mengen anfällt, verteilen ihn Gärtner gern schubkarrenweise auf Beeten und Pflanzflächen.

Doch dabei wird oft unterschätzt, dass mit dem Kompost auch beachtliche Nährstoffmengen in den Boden kommen. Die Nährstoffgehalte von Komposten variieren, aber in der Regel enthalten sie recht viel Phosphat und Kali. Wird ständig zu viel Kompost gegeben, können sich diese beiden Nährstoffe übermäßig im Boden anreichern. Die Folge: Die Aufnahme anderer wichtiger Pflanzennährstoffe und Spurenelemente wird blockiert, und die vermeintlich optimalen versorgten Pflanzen zeigen Mangelerscheinungen wie gelbe Blätter. Überreichliche Kompostgaben können auch zu einem Überangebot von Magnesium und Calcium im Boden führen; manchmal sogar zu einer Stickstoffüberdüngung, wenn bei warmem Wetter die im Humus gebundenen Nährstoffe kräftig mobilisiert werden.

Für Gemüse-, Erdbeer-, Blumen- und Staudenbeete sind jährlich 1–3 Liter Kompost je m² (je nach Nährstoffbedarf) völlig ausreichend; für Sträucher und Bäume genügen 2–5 Liter je m². Wenn Sie dann noch 50–150 g Hornspäne und, falls nötig, 10–30 g Kali pro m² hinzugeben, sind selbst Starkzehrer wie Tomaten und Zucchini optimal versorgt. Deutlich mehr Kompost ist nur sinnvoll, wenn Böden, die noch nicht kultiviert waren, gründlich verbessert werden sollen. Dann kann man, je nach Bodenzustand, 25–50 Liter je m² ausbringen. Das genügt dann aber auch für mindestens vier Jahre.

Bodenuntersuchung – in meinem Garten unnötig

Häufig bieten Gartenzeitschriften, Gartencenter und Gartenbauvereine professionelle Bodenanalysen an. Auch die Landwirtschaftskammern und Gartenakademien der Bundesländer helfen gern weiter, wenn man seinen Boden in einem Fachlabor untersuchen lassen möchte. So eine Analyse, die je nach Umfang meist 10 bis 50 € kostet, gibt genaue Auskunft über Bodenart, pH-Wert und die Gehalte an wichtigen Nährstoffen. Zusätzlich kann man eine Untersuchung des Humusgehalts beauftragen, des Weiteren auf eventuelle Bodenschadstoffe. Oft werden mit den Analyseergebnissen auch gleich konkrete Düngeempfehlungen geliefert. Doch viele Hobbygärtner denken sich: »Bei meinem bisschen Rasen und den paar Beeten und Sträuchern lohnt sich so was doch gar nicht.«

Das erweist sich oft als Irrtum – spätestens dann, wenn die Pflanzen und Rasengräser trotz guter Pflege nicht so recht gedeihen. Das fängt schon bei der Bodenart und dem pH-Wert (Säuregrad) an. Wenn Sie darüber genau Bescheid wissen, können Sie Ihren Boden optimal vorbereiten und verbessern. Und wenn nötig, gezielt Kalk ausbringen (erhöht den pH-Wert) oder aber auf unnötige Kalkgaben verzichten. Ein zu hoher pH-Wert bzw. Kalkgehalt führt z. B. häufig dazu, dass Rosen und erst recht Rhododendren gelbe Blätter bekommen, weil sie dann nicht genügend Eisen aus dem Boden aufnehmen können.

Ebenso wird die Aufnahme mancher Nährstoffe massiv behindert, wenn zu viel Phosphat, Kalium oder Magnesium im Boden ist. Und genau das zeigen Bodenuntersuchungen immer wieder: Viele Gartenböden sind vor allem mit Phosphat gewaltig überversorgt. Dann hilft nur noch eins: auf Dünger, die diesen Nährstoff enthalten, konsequent zu verzichten, ebenso auf überhöhte Kompostgaben. Auf Rasenflächen dagegen herrscht recht häufig Kalimangel. Ist der Boden dann auch noch zu dicht oder gar zu sauer (pH-Wert unter 5,5), machen sich munter die Moose breit.

Eine Bodenuntersuchung vor der Neuanlage von Gartenbereichen, danach besonders im Gemüsegarten und Rasen alle vier Jahre ist eine lohnende Investition, die viel Ärger vermeiden hilft.

Bittersalz ist der ideale Nadelbaumdünger

Koniferen wie Lebensbäume (*Thuja*), Fichten und Tannen haben nicht selten gelbe Nadelspitzen, oft deutlich abgetrennt vom grünen Nadelbereich. Oder sie zeigen stark aufgehellte, später verbräunte Nadeln in den älteren Zweigbereichen, also im Innern der Krone. Das sind häufig Anzeichen für Magnesiummangel. Bei vielen Gärtnern hat sich herumgesprochen, dass sich das mit Bittersalz (Magnesiumsulfat) schnell kurieren lässt. So geriet Bittersalz sogar in den Ruf, der optimale Spezialdünger für Nadelgehölze zu sein.

Ein ausgesprochenes Missverständnis, denn Bittersalz enthält eben nichts anderes als Magnesium und Schwefel (in Form von Sulfat). Koniferen brauchen aber, wie alle anderen Gehölze, auch Stickstoff, Kalium, Phosphat, Eisen und weitere Nährstoffe. Wenn immer nur Magnesium gedüngt wird, und das auch noch im Übermaß, kann es sogar zu anderen schweren Mangelerscheinungen kommen. Für eine ausgewogene Nährstoffversorgung von Nadelgehölzen eignen sich vor allem Kompost und spezielle Koniferendünger. Bittersalz dagegen ist eher eine »Notfallmedizin«. Auf Dauer lässt sich Magnesiummangel am besten vorbeugen, indem man zu hohe Kali- und Kalkgaben vermeidet, umgekehrt aber auch zu saure Böden ausreichend aufkalkt.

Chaos am Kompost

Küchenabfälle: immer drauf auf den Kompost

Küchenmesser landen auf mysteriöse Weise immer wieder im Komposthaufen. Natürlich aus Versehen; denn dass sie dort ebenso wenig Brauchbares beitragen, wie beispielsweise Kronkorken oder Milchkartons, ist sicher jedem klar. Aber alles, was im Prinzip organisch, zersetzbar oder sogar essbar ist, sollte sich doch kompostieren lassen?

Küchenabfälle, die bei der Zubereitung von Salat, Gemüse, Kartoffeln und Obst anfallen, eignen sich selbstverständlich gut für den Kompost. Auch Schalen von Südfrüchten sind in Maßen kein Problem (siehe nachfolgenden »Irrtum«). Das gilt ebenso für Reste von gekochten Gemüsespeisen sowie Kaffee- und Teesatz (samt Papierfiltern), sofern sie in bescheidenen Mengen zum Kompost kommen, und für kleinere Partien von Nussschalen, die allerdings sehr langsam verrotten.

Bei gekochten Kartoffel-, Nudel- und Reisresten, rohen Eierschalen sowie altem Brot scheiden sich die Geister der Kompost-Experten. Solche Abfälle können unter Umständen Ratten anlocken oder zu Schimmel-»Brocken« im Kompost führen. Wenn sie nur in geringen Mengen anfallen und Brotreste klein geschnitten werden, bleibt die Gefahr allerdings gering. Am besten vermischt man sie, wie alle anderen Küchenreste, schon gleich am Sammelplatz mit gröberen Gartenabfällen und streut etwas Gesteinsmehl darüber.

Was allerdings auf keinen Fall in den Kompost gehört, sind Fleisch-, Fisch- und Käsereste, Knochen, Fischgräten sowie Speiseöle und -fette. Das alles sollte auch nicht über die Biotonne entsorgt werden, sondern, gut eingetütet, zum Restmüll kommen. Absolut ungeeignet für den Kompost sind außerdem Katzenstreu, Fäkalien von Hunden und anderen fleischfressenden Tieren, Grill- und Steinkohlenasche, Zigarettenkippen, Staubsaugerbeutel, Windeln und Binden sowie Hochglanzpapier.

Zwar kompostierbar, aber oft problematisch sind sogenannte »Bio«-Plastiktüten: Sie benötigen viel Zeit zum Verrotten und stören dann im Kompost mehr als langsam zersetzbare Natur- materialien, wie z. B. Nussschalen.

Schalen von Südfrüchten sind nicht kompostierbar 26

Orangen, Mandarinen, Zitronen und Bananen haben weite Transportwege und mehrere Stationen der Zwi- schenlagerung hinter sich, bis sie bei uns angeboten werden. Um Schimmel- und Fäulnisbildung vorzubeu- gen, werden ihre Schalen oft mit synthetischen Wachsen und Pilzbekämpfungsmitteln (Fungiziden) behandelt. Nachdem das vor Jahrzehnten erstmals publik wurde, kam die Losung auf: Bloß keine Zitrusfrucht- und Bana- nenschalen auf den Kompost! Behandelte Schalen stan- den unter dem Verdacht, nützliche Organismen im Kompost abzutöten, die Rotte zu beeinträchtigen und sogar selbst angebautes Gemüse und Obst mit Schad- stoffen zu belasten.

Mittlerweile hat es mehrere Untersuchungen zu dieser Thematik gegeben. Danach ist grundsätzlich Entwarnung angesagt: So lange Zitrusfrucht- und Bananenschalen höchstens 10 % der organischen Abfälle im Kompost ausmachen, sind keine negativen Wirkungen zu befürchten.

Das hängt auch damit zusammen, dass Rückstandskontrollen und Höchstmengen für Pflanzenschutzmittel heute wesentlich strenger gehandhabt werden als früher. Eventuelle Rückstände noch erlaubter Mittel werden spätestens im Boden von den Mikroorganismen abgebaut. Dies gilt auch für die synthetischen Wachse, die natürlichen Wachsen, z. B. auf Apfelschalen und Kohlblättern, sehr ähnlich sind; ebenso für ätherische Öle und ähnliche Substanzen in den Schalen, mit denen sich die Früchte von Natur aus selbst schützen.

Nicht völlig ausschließen kann man allerdings eine unzulässige Anwendung gefährlicher Pflanzenschutzmittel, die bei uns längst verboten sind, aber bei den stichprobenartigen Kontrollen nicht bemerkt werden. Dieses Risiko betrifft aber nicht nur Zitrusfrüchte, sondern sämtliche Obst- und Gemüsearten, die aus Ländern mit »laxeren« Bestimmungen eingeführt werden. Wer hier ganz auf Nummer sicher gehen möchte, sollte nur unbehandelte Früchte mit ausgewiesener Bioanbau-Herkunft kaufen.

27 Im Komposthaufen sterben alle Keime ab

In einem gut aufgesetzten Komposthaufen machen sich Billionen von Mikroorganismen an die Zersetzungsarbeit und zerlegen dabei selbst kritische Substanzen in harmlose Einzelteile. Zum andern steigen gleich zu Anfang des Rottevorgangs, wenn die Mikroorganismen energiereiche Kohlenhydrate und Eiweiße abbauen, die Temperaturen im Kompostkern gewaltig an – im Idealfall bis zu einer Hitze, die selbst die hartnäckigsten

Krankheitserreger sowie Samen und Wurzeln unschädlich macht. Manche Gärtner werfen deshalb zuversichtlich selbst erkrankte Pflanzenteile und komplette Unkräuter auf den Kompost.

Doch leider entwickelt der normale Komposthaufen im Garten selten oder höchstens kurzfristig Temperaturen von 50–70 °C, die nötig wären, um das Abtöten der meisten Keime zu gewährleisten. Das gelingt nur in den professionellen Kompostwerken, wo große Mengen an frischen Abfällen aufgesetzt und die Rottetemperaturen genau überwacht sowie, wenn nötig, gesteuert werden.

Besonders heikles Kompostmaterial sind deshalb Pflanzen mit Anzeichen eines Pilz-, Bakterien-, Viren- oder Nematodenbefalls. Werden solche Erreger nicht zuverlässig durch hohe Komposthitze abgetötet, droht eine spätere Weiterverbreitung im Garten. Falls Sie ganz sicher sind, dass es sich »nur« um Mehltau-, Rost-, Schorfpilze, Blattläuse, Spinnmilben oder Weiße Fliegen handelt, schafft das der normale Gartenkompost in der Regel. Aber alles andere kommt besser in die Biotonne oder zur Grüngutsammelstelle.

Ähnliche Vorsicht empfiehlt sich bei samentragenden Unkräutern und vermehrungsfreudigen Wurzeln, etwa von Quecke, Giersch und Zaunwinde. Sie lassen sich »entschärfen«, indem man sie erst in einer Tonne mit Wasser stark vergären lässt, bevor man sie zum Kompost gibt. Aber auch hier ist die Entsorgung über den Biomüll sicherer.

Gefährliche Keime in Fäkalien schließlich kann noch nicht einmal der Profi-Kompost ganz unschädlich machen. Mit Ausnahme von Stallmist und der Streu pflanzenfressender Kleintiere (Hamster, Meerschweinchen, Kaninchen) hat deshalb Tierkot in der Kompostierung absolut nichts zu suchen.

28 Mit Kompostbeschleuniger geht's viel flotter

Der Fachhandel bietet eine Vielzahl von Kompoststartern und -beschleunigern an. Sie sollen die Rotte schneller in Gang bringen, und die Anbieter versprechen manchmal sogar komplett vererdeten Kompost schon nach wenigen Wochen. Meist enthalten diese Beschleuniger rottefördernde Bakterien sowie Nährstoffe, vor allem Stickstoff und Kalk, zuweilen auch Zucker oder Kräuterextrakte. Daneben werden so manche Hausmittel als Geheimtipp empfohlen, z. B. Backhefe und Zucker, die man in Wasser auflöst.

Solche Zusätze können tatsächlich bei schwer zersetzbaren Abfällen helfen, etwa bei reinem Laubkompost mit Gehölzhäcksel; ebenso in einem neu angelegten Garten mit noch humusarmem Boden. Doch bei den üblichen Mischungen aus Garten- und Küchenabfällen, wie sie in den Haushalten anfallen, und bei guter Kompostierpraxis sind sie meist entbehrlich. Die »Beschleunigungseffekte« halten sich hier sehr in Grenzen. Wäre das anders, würden die Kompostwerke massenhaft solche Beschleuniger einsetzen. Das tun sie in der Regel aber nicht, denn schon durch das gezielte Lenken von Feuchte, Belüftung und Temperatur können sie gewaltige Mengen an Abfällen recht schnell in wertvollen Kompost umwandeln.

Im eigenen Garten kommen mit krautigen Pflanzenresten, Küchenabfällen sowie Grasschnitt meist schon ausreichend Nährstoffe in den Komposthaufen. Wichtig ist das gute Durchmischen mit gröberem Material, wie zerkleinerten Gemüse- und Blumenstängeln sowie Gehölzschnitt. Dieses Grobmaterial sorgt dann auch für eine gute Durchlüftung, die für eine rasche und problemlose Vererdung der Abfälle entscheidend ist.

Wenn Sie dann beim Aufsetzen noch alle 20–30 cm eine dünne Schicht aus bereits ausgereiftem Kompost oder humosem Gartenboden einbringen und zum Schluss alles mit Erde abdecken, ist der Komposthaufen optimal mit Mikroorganismen und Kleintieren »geimpft«. Über die Zwischenschichten aus Kompost können Sie jeweils noch hauchdünn etwas Algenkalk oder Gesteinsmehle streuen, die nebenbei unangenehme Gerüche eindämmen; bei nährstoffarmen Abfällen auch eine Handvoll Hornspäne oder -mehl. Je nach Ausgangsmaterial, Jahreszeit des Aufsetzens und Wetterverlauf verfügen Sie so nach sechs bis zwölf Monaten über völlig ausgereiften, nach frischem Waldboden riechenden Kompost – ganz ohne »Beschleuniger«.

Natürliche Prozesse, wie die Rotte im Komposthaufen, sollten nicht übermäßig forciert werden. Hefe-Zucker-Zusätze, die die Hitzebildung fördern sollen, und Kalkstickstoff-Zugaben, die manchmal zur Unkrautbekämpfung empfohlen werden, können sogar die nützlichen Lebewesen im Kompost beeinträchtigen.

Schnellkomposter sind die optimale Lösung

29

Häufig werden geschlossene Kompostbehälter, meist aus Recycling-Kunststoff und mit abnehmbarem Deckel, als Schnellkomposter angepriesen. Noch flotter soll die Rotte in Thermokompostern verlaufen, bei denen die Kunststoffhülle zusätzlich wärmegedämmt ist. Der fertige Kompost wird hier üblicherweise unten über eine Klappe entnommen. Unter günstigen Umständen verläuft die Zersetzung der organischen Abfälle in solchen Behältern tatsächlich etwas schneller als in einer offenen Kompostmiete.

Doch die Umstände sind eher ungünstig. Trotz aller Belüftungsschlitze und -vorrichtungen fehlt es in den Behältern häufig am nötigen Sauerstoff, besonders wenn feuchte und zum Verkleben neigende Materialien, z. B. Küchenabfälle und Grasschnitt, eingefüllt werden. Schlimmstenfalls kommt es zu Schimmelbildung und Fäulnis. Um dem vorzubeugen, muss Grobes und Feines besonders gut durchmischt und schwer Verrottendes gründlich vorzerkleinert werden. Umgekehrt kann die ständige Umhüllung und Abdeckung des Materials aber auch dazu führen, dass es an ausreichender Feuchtigkeit fehlt.

Zudem ist die Wärmeentwicklung in den Behältern oft viel bescheidener als erhofft: Die Mengen an energiereichen Abfällen, die letztendlich beim Zersetzen für die Hitze sorgen, sind dafür einfach zu gering. Das kann auch die beste Wärmedämmung nicht ersetzen, zumal der Isoliereffekt zwangsläufig durch die Luftöffnungen gemindert wird. Mittlerweile gibt es Ausführungen mit recht ausgefeilten Belüftungs- und Entnahmevorrichtungen. Doch unterm Strich spricht für solche Behälter vor allem die Platzersparnis und das etwas »ordentlichere« Aussehen. Ansonsten lässt es sich mit einfachen, luftigen Boxen aus Holzlatten, die man bis 1,5 m hoch befüllen kann, bei ebenfalls mäßigem Platzbedarf leichter kompostieren.

Possen gegen Plagegeister

Kalter Winter, wenig Schädlinge

»Soll man den Januar loben, muss er frieren und toben«, reimten schon unsere bäuerlichen Vorfahren. Dahinter steckt die Hoffnung, dass knackige Winterfröste die Schädlinge dezimieren, sodass die Saaten im Frühjahr unbelastet heranwachsen können. Auch heute noch ist die Annahme, dass lange, kalte Winter das Auftreten von Schädlingen vermindern, weit verbreitet.

Das stimmt aber leider nicht. Zwar erfrieren bei anhaltenden Frösten um – 20 °C tatsächlich manche Schädlinge. Strenge Minustemperaturen machen aber auch ihren natürlichen Gegenspielern, etwa Marienkäfern, Florfliegen und Schlupfwespen, zu schaffen. Bis sich deren Populationen im Frühjahr so weit erholt haben, dass sie Plagegeister wirksam eindämmen können, sind etliche Schädlinge schon wieder auf dem Vormarsch.

Zudem haben sich die heimischen Insekten, Milben und Pilze über Jahrtausende auf kalte Winter eingestellt. Sie verkriechen sich im Boden, unter Pflanzenresten oder in Borkenritzen und bilden häufig sehr frostfeste Überwinterungsstadien, z. B. Wintereier oder -sporen. Einige Käfer und andere Insekten, die als erwachsene Tiere überwintern, vermögen alkoholisches Glykol zu bilden und einzulagern, das ihnen als Frostschutzmittel dient. Mit solchen Strategien können manche Schädlinge selbst Temperaturen bis −50 °C unbeschadet überstehen.

Was ihnen viel mehr zu schaffen macht, sind häufige Wechsel zwischen kalter und warmer Witterung sowie milde, feuchte Winter. Dann nämlich können sich Pilze und Bakterien breit machen, die die überwinternden

Insekten, Puppen und Eier parasitieren. Feuchter Herbst, milder Winter, feuchtes Frühjahr: Diese Abfolge bietet nach langjährigen Beobachtungen die besten Voraussetzungen dafür, dass das Gartenjahr mit geringer Schädlingsbelästigung verläuft.

31 Schädlinge muss man gründlich ausmerzen

Wenn geliebte Pflanzen und ganze Beete von Blattläusen, Käfern oder Raupen heimgesucht werden, sollte man frühzeitig eingreifen. Dann ist gründliches Vorgehen angesagt, z. B., indem man immer wieder die Blattunterseiten überprüft und eventuelle Eigelege oder Schädlingskolonien sorgfältig beseitigt. Das gilt erst recht, wenn ansteckende Krankheiten auftreten, wobei es oft am besten ist, befallene Pflanzen komplett zu entfernen. Gerade bei solchen Ärgernissen keimt der Wunsch auf, sämtliche Plagegeister radikal zu eliminieren. Dieser »Traum« schien wahr zu werden, als ab den 1950er-Jahren jedem Hobbygärtner durchschlagende Spritzmittel wie E 605 zur Verfügung standen: Sobald sich auch nur eine Blattlaus oder ein Kohlweißling blicken ließ, kam sofort die »chemische Keule« zum Einsatz.

Doch das entpuppte sich schließlich als Albtraum, nicht nur wegen der verheerenden Folgen für die Umwelt. Denn die Wirksamkeit vieler Pestizide ließ mit der Zeit deutlich nach: Die Schaderreger entwickelten Strategien, um selbst mit den »härtesten« Mitteln zurechtzukommen. Vereinfacht kann man feststellen: Je mehr gespritzt wird, desto größer ist die Gefahr, dass ein paar hartnäckige Individuen überleben, sodass resistente Schädlingspopulationen entstehen. Das gilt besonders dann, wenn immer dieselben Wirkstoffe verwendet werden.

Nützlinge, also die natürlichen Gegenspieler der Schädlinge, wurden seinerzeit beim flächendeckenden Spritzen häufig miterfasst und schafften es bei weitem nicht so gut, sich an die Gifte zu gewöhnen. Manche Vögel gingen sogar zugrunde, weil sie pestizidverseuchte Raupen und andere Insekten fraßen. Dazu kam, dass die penibelst gepflegten, eintönig bepflanzten Gärten den Nützlingen kaum Lebensräume boten. So führten die Versuche, Plagegeister vollständig auszurotten, teils sogar zu größeren Schädlingsproblemen.

Heute weiß man, wie wichtig es ist, Vögel, Marienkäfer, Raubmilben und andere Nützlinge zu unterstützen und durch weitgehenden Verzicht auf breit wirksame Insektizide zu schonen. Sie können zwar nicht jeden Befall verhindern, sorgen aber grundsätzlich dafür, Schädlingspopulationen im Zaum zu halten und Massenvermehrungen vorzubeugen. Dafür brauchen sie allerdings auch etwas zu fressen: Wo überhaupt keine Schädlinge toleriert werden, können sich auch keine Nützlinge ansiedeln.

32 Beim biologischen Pflanzenschutz verwendet man Pflanzenbrühen

Selbst hergestellte Pflanzenbrühen und -auszüge, z. B. aus Brennnesseln oder Zwiebelschalen, lassen sich vorbeugend einsetzen, um die Abwehrkräfte der Gartenpflanzen zu stärken, und können teils sogar Schaderreger direkt eindämmen. Noch deutlich effektiver wirken im Fachhandel erhältliche Mittel, die aus Pflanzen gewonnen wurden, beispielsweise Neem- und Pyrethrum-Präparate. Solche Extrakte und Zubereitungen werden oft als »biologische Pflanzenschutzmittel« bezeichnet, um sie von chemisch-synthetischen Präparaten abzugrenzen.

Die Bezeichnung »biologisch« für pflanzliche Mittel ist nicht verkehrt, führt aber zu einer Begriffsverwirrung – erst recht, wenn unter diesem Etikett auch noch Schmierseife und Brennspirituszusätze gehandelt werden. All diese Mittel wirken auf die Schädlinge als Hemm- oder Giftstoffe, also letztlich auf (bio-)chemische oder auf physikalische Weise. Darin sind sie den synthetischen Wirkstoffen grundsätzlich ähnlich, nur eben mit dem Unterschied, dass sie der Natur entstammen.

»Biologischer Pflanzenschutz« dagegen steht in der gärtnerischen Fachsprache für den gezielten Einsatz von Lebewesen zur Schädlingsbekämpfung: beispielsweise von eigens dafür vermehrten Florfliegen gegen Blattläuse und Thripse, von Marienkäfern gegen Schildläuse und von Raubmilben gegen Spinnmilben. Die Nützlinge erhält man im Fachhandel je nach Art als Eier, Larven oder erwachsene Tiere, z. B. in Tüten, auf Kärtchen oder Kartonrähmchen, um sie dann zwischen den gefährdeten Pflanzen zu verteilen. Solch ein Nützlingseinsatz hat sich vor allem im Gewächshaus, Wintergarten und am Blumenfenster bewährt. Es gibt aber auch Nützlinge für die biologische Schädlingsbekämpfung im Freien, etwa Schlupfwespen gegen Apfelwickler und spezielle Nematoden-Präparate gegen Dickmaulrüssler.

»Pflanzenschutzmittel« sind schlimme Gifte

Viele kritisieren den Begriff »Pflanzenschutzmittel« als verharmlosend und sprechen lieber von Pestiziden, aus gut nachvollziehbaren Gründen. Viele sogenannte Pflanzenschutzmittel, die über Jahrzehnte in Unmengen ausgebracht wurden, waren hochgiftige Stoffe, die Menschen und Tiere extrem gefährdeten, sich über lange Zeit anreicherten und dramatische Auswirkungen auf die Umwelt hatten. Das begann schon früh mit tückischen Giften wie Arsen und Quecksilber und erreichte im 20. Jahrhundert mit dem Masseneinsatz »moderner« chemischer Mittel wie DDT, Lindan und E 605 einen traurigen Höhepunkt. Solche Wirkstoffe sind in der EU schon länger verboten. Aber auch manche der heutigen Mittel geraten immer wieder in die Kritik, teils durchaus zu Recht.

Grundsätzlich muss man aber bedenken: Wenn ein Spritz-, Gieß- oder Streumittel Schädlinge und Pilzkrankheiten wirksam bekämpfen soll, dann ist es für die betroffenen Organismen zwangsläufig ein Gift, selbst wenn es sich um einen Naturstoff handelt. Tatsächlich wappnen sich viele Pflanzen mit selbst produzierten Alkaloiden und anderen hochgiftigen Substanzen gegen Mitesser.

Falls überhaupt Giftstoffe eingesetzt werden, um Pflanzen zu schützen, sollten sie idealerweise nur gegen die auftretenden Schaderreger, also selektiv, wirken und dabei Nützlinge wie Marienkäfer und Schlupfwespen schonen, ebenso Bienen und Hummeln. Außerdem sollten sie möglichst ungiftig sein für Menschen und andere Warmblüter, die Gewässer nicht belasten und sich in absehbarer Zeit vollständig abbauen, aber auch nicht zu schnell, sonst muss man ständig wieder spritzen. Solche »Idealgifte« sind allerdings sehr schwer zu finden, in der Natur ebenso wie im Chemielabor.

Doch es gibt schon etliche Wirkstoffe, die diese Anforderungen wenigstens zum Teil erfüllen. Mittlerweile werden Pflanzenmittel vor der Zulassung gründlicher als je zuvor auf solche Kriterien geprüft. Im Klein- und Hausgartenbereich sind kaum noch Mittel erlaubt, die bei falscher Anwendung direkt gefährlich werden könnten (Ausnahmen: einige Wühlmausköder und -begasungsmittel). Ansonsten besteht das Risiko bei als »potenziell gesundheitsschädlich« ausgewiesenen Mitteln vor allem in eventuellen allergischen Reaktionen. Das alles ist absolut kein Anlass zur Verharmlosung oder gar für einen leichtsinnigen, unsachgemäßen Umgang mit Pflanzenschutzmitteln. Aber die pauschale Befürchtung, das seien alles »schlimme Gifte«, wirkt beim heutigen Stand doch etwas übertrieben – möglicherweise sind manche gebräuchliche Putz- und Reinigungsmittel unterm Strich letztlich noch bedenklicher.

34 Natur- und Hausmittel sind stets harmlos

Viele Hobbygärtner verzichten ganz auf chemische Pflanzenschutzmittel und greifen lieber zu pflanzlichen Präparaten oder Hausmitteln, die nicht selten als »Bio«-Geheimtipps gehandelt werden. Grundsätzlich spricht für Naturstoffmittel, dass sie in der Regel gut und schnell abbaubar sind. Und die meisten belasten tatsächlich die Umwelt und die Gesundheit nur wenig.

Aber es gibt Ausnahmen. Drastische Beispiele sind Nikotin aus der Tabakpflanze und Rotenon aus den Wurzeln tropischer Leguminosen: Beide wurden früher als Schädlingsbekämpfungsmittel eingesetzt, aber schließlich wegen ihrer starken Giftigkeit verboten. Käufliche Pflanzenschutzmittel aus Naturstoffen werden heute genauso penibel auf eventuelle Neben- und Schadwirkungen überprüft wie chemische Mittel.

Dabei belegen die detaillierten Untersuchungen oft eine gute Umweltverträglichkeit. Präparate z. B. mit Neem (Azadirachtin), das von einem tropischen Baum gewonnen wird, schonen die meisten Nützlinge sowie Bienen und gelten als ungiftig für Warmblüter. Ähnlich verhält es sich unter anderem mit Rapsöl und Kaliseife, die allerdings für Fischnährtiere giftig sind. Doch generell gilt auch für solche Mittel: Sie bleiben nur dann »harmlos«, wenn sie genau nach den Anwendungsvorschriften und nur für die ausgewiesenen Anwendungsbereiche eingesetzt werden.

Es gibt auch bedenklichere »Bio«-Mittel. So etwa die Pyrethrine (Pyrethrum), die man aus Chrysanthemenblüten extrahiert. Sie wirken gegen viele Schadinsekten sowie Spinnmilben, können aber auch Nützlinge sowie Lebewesen in Gewässern abtöten und bei falscher Anwendung sogar Warmblüter, also auch Menschen, schädigen. Nicht ganz unproblematisch sind außerdem Mittel mit Paraffin- und Weißölen, Schwefel, Kupfer sowie Essig- und Pelargonsäure, obwohl es sich sämtlich um Naturstoffe handelt.

Dabei muss man allerdings festhalten: Bei den käuflichen Naturstoffpräparaten kennt man recht genau eventuelle Nebenwirkungen, weil sie gründlich untersucht wurden. Das ist bei selbst hergestellten Pflanzenauszügen und Hausmitteln nicht der Fall. Natürlich kann man davon ausgehen, dass etwa Brennnesselbrühe und

Knoblauchtee völlig unschädlich sind. Aber Wermut und Rainfarn beispielsweise enthalten das Nervengift Thujon und sollten mit entsprechender Vorsicht zu Spritzmitteln verarbeitet und angewendet werden. Schmierseife kommt als Pflanzenschutzmittel nur infrage, wenn es sich um reine Kaliseife handelt. Spülmittel oder gar Brennspiritus sind längst nicht für jede Pflanze und für jeden Nützling verträglich und sollten selbst hergestellten Spritzbrühen höchstens mit einigen Tröpfchen zugesetzt werden.

35 Weißer Belag: Das kann nur Mehltau sein

Wohl jeder Gärtner kennt die typischen Mehltausymptome, z. B. an Rosen, Gurken, Ahorn und Rittersporn: weiße bis grauweiße, mehlige, abwischbare Beläge, vor allem auf den Blattoberseiten, teils auch auf Trieben, Knospen, Blüten und Früchten. Genau genommen handelt es sich dabei um den Echten Mehltau. Daneben gibt es den Falschen Mehltau, der hauptsächlich auf den Blattunterseiten weißgraue, graubraune oder bräunliche Beläge bildet, etwa an Weinreben, Spinat und Basilikum. Während dieser besonders bei feuchtem Wetter auftritt, sind die Verursacher des Echten Mehltaus ausgesprochene »Schönwetterpilze«, die sich besonders stark im Spätsommer ausbreiten. Da sie so weit verbreitet sind, werden ähnliche Schadbilder häufig als Mehltau eingestuft.

Doch eine Reihe weiterer Pilzkrankheiten, die teils gefährlicher sind, verursacht ebenfalls weißliche Überzüge. Zu den häufigsten zählt der Grauschimmel (Botrytis), der sich bevorzugt bei feuchtwarmem Wetter breitmacht. Er befällt z. B. Erdbeeren, Gurken, Bohnen, Sommerblumen und Himbeerruten. Bei fortgeschrittenem

Befall sind die Pflanzenteile mit einem weißgrauen, schimmelartigen Belag überzogen.

Auffällige weiße Beläge, meist blattunterseits, aber teils auch auf den Oberseiten, ruft der Weiße Rost hervor, z. B. an Goldlack, Sonnenblume und Kohl. Diese Überzüge sind bei näherem Hinsehen pustelartig und enthalten Vermehrungssporen. Zeigen sich ähnliche Symptome an Herbstchrysanthemen, begleitet von blassgrünen oder weißlichen Blattflecken, handelt es sich um den Chrysanthemenrost, eine meldepflichtige Krankheit. Setzen Sie sich in diesem Fall mit dem regional zuständigen Pflanzenschutzamt in Verbindung.

Eine Meldung ans Pflanzenschutzamt sollte unbedingt auch erfolgen, wenn sich weiße, mehltauähnliche Beläge an Gehölzen bei näherer Untersuchung als schuppige, kalkartige Gebilde entpuppen. Überziehen diese z. B. an Ahorn, Flieder, Forsythie, Birne oder Johannisbeere ganze Triebe, Zweige und Rindenpartien, ist es mit großer Wahrscheinlichkeit die gefährliche Maulbeerschildlaus. Dieser Schädling wurde in den letzten Jahren infolge der Klimaerwärmung bei uns häufiger gesichtet. Die Beläge bestehen aus den weißen Schilden meist schon abgestorbener männlicher Läuse.

Wolfsmilch und Kaiserkrone vertreiben Wühlmäuse

Wühlmäuse gehören zu den schlimmsten Gartenplagen und können durch Fraß an Wurzeln, Knollen und Zwiebeln ganze Beete zerstören. So suchen Gärtner seit jeher fieberhaft nach Abwehrmitteln. Schon in den früheren Bauerngärten sollten die Kreuzblättrige Wolfsmilch (Euphorbia lathyris) und die prächtig blühenden Kaiserkronen mit ihren intensiven Gerüchen die gefräßigen Nager fernhalten. Auch Zypressen-Wolfsmilch (Euphorbia cyparissias), Hundszunge (Cynoglossum officinale), Knoblauch, Narzissen, Schwarze Johannisbeere und Holunder werden öfter als wühlmausvertreibende Pflanzen genannt.

Fasst man unzählige Erfahrungen von Fachleuten und Hobbygärtnern zusammen, kann man lapidar festhalten: Manchmal klappt's – meist aber nicht. Eine Schutzwirkung zeigt sich noch am ehesten, wenn einerseits sehr viele dieser Abwehrpflanzen rund um die Beete gesetzt werden und andererseits die dadurch behüteten Pflanzen nicht gerade zu den Lieblingsspeisen der Wühlmäuse zählen. Ansonsten reichen die Vertreibungskräfte der Abwehrpflanzen meist nur aus, um sich selbst und die allernächste Umgebung zu schützen. Gelegentlich wurde aber auch schon beobachtet, dass sich die Nager ausgerechnet über Knoblauchzehen, Narzissenzwiebeln oder Holunderwurzeln genussvoll hermachten.

Bleibt noch die Hoffnung, dass die Wühlmäuse die giftigen Wolfsmilchsamen in ihren Vorratsgängen sammeln, über Winter fressen und schließlich daran verenden. Das kann durchaus passieren. Doch in den meisten Gärten finden die Tiere genug Alternativen und sind deshalb nicht auf die giftigen Samen angewiesen. Auch andere des

Öfteren gepriesene Vertreibungs- und Vergrämungsmittel zeigen meist nicht die erwünschte Wirkung. Recht zuverlässig helfen dagegen geeignete Wühlmausfallen, die man im Spätherbst und Winter in den Gängen aufstellt.

Bierfallen reduzieren die Schnecken

Schnecken lieben Bier, genauer gesagt, den Duft des Gerstensafts. Gräbt man glattwandige Becher ebenerdig im Gartenboden ein und füllt sie gut zur Hälfte mit Bier auf, kann man damit rechnen, dass bald einige der gefräßigen Weichtiere hineinfallen und im Bier ertrinken. Und dies immer wieder, wenn das Fang-Bier alle paar Tage durch frisches Gebräu ersetzt wird. Die »Bierleichen« lassen sich dann einfach über den Kompost oder die Biotonne entsorgen. So erfreuen sich Bierfallen großer Beliebtheit, auch in Luxus-Ausführungen mit Regendach und Behältereinsätzen, wie sie der Gartenbedarfshandel anbietet. Eigentlich eine prima Lösung, ganz ohne Gifte!

Doch leider lässt sich der »Freibier-Effekt« nicht leugnen: Die Bierfallen fangen zwar etliche Schnecken ab, ziehen aber noch mehr aus der weiteren Umgebung heran. Denn die Tiere haben einen ausgeprägten Geruchssinn und können Düfte über Distanzen von mindestens 20 m, teils sogar bis weit über 100 m, wahrnehmen. Bei ihrem weiten Anmarsch zu den Bierfallen stärken sich die Kriechtiere dann gern noch an zartem Austrieb und an Jungpflanzen, die ihnen unterwegs vor ihre Raspelzunge kommen. Nebenbei können in solchen Bierfallen auch harmlose Gehäuseschnecken und sogar Nützlinge verenden.

Bierfallen sollten deshalb nur innerhalb kleiner, abgegrenzter Flächen eingesetzt werden, die am besten von einem Schneckenzaun umgeben sind. Dann können sie gezielt die Schnecken erfassen, die sich innerhalb der Barrieregrenzen im Boden versteckt haben, sowie die wenigen, die es schaffen, auch solche Hürden zu überwinden.

Nebulöse Naturliebe

Nur heimische Pflanzen gehören in den Garten

Wer einen naturnahen, belebten Garten anstrebt, tut gut daran, viele heimische Gehölze und Wildblumen zu pflanzen. Auf diese hat sich die Tierwelt seit Urzeiten eingestellt. So finden Vögel, Schmetterlinge, Bienen und viele weitere Kleintiere reichlich geeignete Nahrung, Rückzugsräume und Nistgelegenheiten.

Einige aus fremden Ländern eingeführte Zierpflanzen haben sich dagegen als regelrechte Plagen entpuppt. So etwa die Kanadische Goldrute und der stark hautreizende Riesen-Bärenklau aus dem Kaukasus: Sie sind vielerorts aus Gärten ausgewildert, haben sich an Naturstandorten massiv ausgebreitet und verdrängen dort die heimische Pflanzenwelt. Selbst Schmetterlingsstrauch (Buddleja davidii) und Robinie werden mittlerweile als invasive Neophyten (»Neubürger«) eingestuft. So plädieren heute manche Gartenfreunde und -berater dafür, ausschließlich heimische Gewächse zu pflanzen.

Doch längst nicht alle fremdländischen Pflanzen sind für die Tierwelt nutzlos oder gar gefährliche Invasoren. Von den Tausenden an Pflanzenarten, die seit der Entdeckung anderer Kontinente vor allem aus Ostasien und Nordamerika eingeführt wurden, listet das Bundesamt für Naturschutz derzeit nur rund 35 problematische Neophyten. Andere »Exoten« wie Ölweiden, verschiedene Hartriegel und Blasenstrauch haben sich schon lange in der Landschaft wie in Gärten bewährt, weil sie selbst mit extremen Standorten zurechtkommen und sich für spezielle Schutzpflanzungen eignen.

Bei allen Vorzügen heimischer Gehölze, wie Hasel,

Sanddorn und Schlehe, muss man auch sagen: Viele von ihnen wachsen sehr kräftig, was in kleineren Gärten Probleme bereitet, blühen zu Zeiten, zu denen Bienen, Schmetterlinge & Co. ohnehin reichlich Pollen und Nektar finden, und die wenigsten sind wintergrün. Der heimische Weißdorn zählt außerdem zu den wichtigsten Wirtspflanzen der gefährlichen Feuerbrand-Krankheit. So spricht manches dafür, mit Fremdlingen, wie z. B. Winterjasmin, Mahonie und Goldjohannisbeere, für etwas Abwechslung zu sorgen. Bienen, Hummeln und Schmetterlinge wissen zudem »ausländische« Blumen und Stauden sehr zu schätzen, so etwa Indianernessel, Katzenminze, Sonnenhut, Steppensalbei und Winterlinge.

Leider haben die letzten Eiszeiten dazu geführt, dass unsere Pflanzenwelt schon vor Jahrmillionen ihre Vielfalt einbüßte. Das änderten erst die alten Römer, die viele unserer längst vertrauten Obstarten, Gemüse und Kräuter über die Alpen mitbrachten, weil ihnen die germanische Kost zu eintönig war. »Unsere« Sauerkirsche, Weinrebe, Spinat, Petersilie, Flieder, Rosskastanie, Klatschmohn, Schneeglöckchen, Duftveilchen – das sind alles Mitbringsel oder Einwanderer aus anderen Weltgegenden.

Nicht zuletzt sollte man bedenken, dass nur regional wachsende Pflanzen »echt heimisch« sind. In der norddeutschen Tiefebene beispielsweise wird sich so manches fremdländische Gewächs, das aus ähnlichen Klimaverhältnissen stammt, wesentlich besser einfügen als etwa eine typische Alpenpflanze.

Im Naturgarten regelt sich alles von selbst

Wer seinen Garten naturnah anlegt und pflegt, kann sich allerhand Arbeit ersparen. Hier wachsen überwiegend pflegeleichte Wildgehölze und Wildstauden, robuste Gemüse- und Obstsorten sowie Mischkulturen mindern den Schädlingsbefall, und Mulchen ersetzt weitgehend das Hacken. Die vielfältige Bepflanzung, etwas geduldeter Wildwuchs und Nist- und Überwinterungshilfen für Vögel, Igel und Insekten fördern Nützlinge, die Schaderreger im Zaum halten. So nähert sich der Garten natürlichen Ökosystemen an und wird dann manchmal als grünes Paradies propagiert, in dem sich, ebenso wie in Wald und Flur, alles harmonisch von selbst einpendelt.

Aber selbst ein großer Garten ist in der Regel kein eigenständiges Ökosystem, das sich völlig unbeeinflusst entwickeln kann, sofern er nicht gerade in einem Naturschutzgebiet liegt oder rundum von anderen konsequent naturnahen Gärten umgeben ist. Außerdem gibt es in jedem Garten-Biotop zwangsläufig einen »Störfaktor«: den Gartenbesitzer. Sofern sich der nicht mit dem Anblick von Gänseblümchen, Königskerzen und Zaunwinden sowie der Ernte von Brennnesseln, Löwenzahn und Melden begnügen will, muss er ständig mehr oder weniger stark eingreifen.

Wenn er trotzdem das meiste einfach wachsen lässt, stellt sich nicht unbedingt die gewünschte Vielfalt ein: In den oft nährstoffreichen Gartenböden dominieren bald Quecken, Giersch, Franzosenkraut, Disteln & Co. die Vegetation. Permanentes Mulchen zum Unterdrücken solcher Kräuter ist auch nicht die Ideallösung: Das kann unter Umständen Schnecken und Wühlmäuse begünstigen (siehe Seite 33). Manche Wildgehölze und -stauden breiten sich durch Ausläufer oder Selbstaussaat ebenfalls unerwünscht stark aus, und gelegentliches Auslichten tut selbst den naturnahen Sträuchern gut.

Auch das Gleichgewicht zwischen Schädlingen und Nützlingen verläuft nicht immer wie im Bilderbuch. Sogar in natürlichen Ökosystemen kommt es gelegentlich durch Witterungseinflüsse zu Massenvermehrungen von Pflanzenfressern und -saugern. Meist reguliert sich das mit der Zeit tatsächlich wieder. Im Garten verlangt das aber viel Geduld und Muße, und man muss allerhand Pflanzen und Ernten opfern, bis sich alles wieder eingespielt hat. Besonders kritisch wird das völlige »Laisserfaire«, wenn gefährliche, sich rasch ausbreitende Schädlinge oder hochinfektiöse Pilz-, Bakterien- und Viruskrankheiten auftreten.

Auch im Naturgarten ist deshalb grundsätzlich ein behutsames, aber beständiges Lenken und, wenn nötig, gezieltes Eingreifen ratsam.

»Bio? Da wird doch nicht gedüngt und nicht gespritzt«. Solche populären Ansichten haben mittlerweile sogar schon die Fernseh-Talk-Shows erobert. Und manche Diskutanten sind da ganz entrüstet, wenn sie mitbekommen, dass professionelle Biobauern Dünger ausbringen und Spritzmittel einsetzen. Ist das Lug und Trug, den man im eigenen Biogarten unbedingt vermeiden muss?

Zum Wachsen, Gedeihen, Blühen und Fruchten brauchen Pflanzen mineralische Nährstoffe, die sie überwiegend aus dem Boden aufnehmen. Zu einer ausreichenden natürlichen »Selbstversorgung« kann es dabei nur kommen, wenn abgestorbene Pflanzenteile beim Verrotten beständig so viele Nährstoffe nachliefern, wie durch die wachsenden Pflanzen entzogen werden. Solche geschlossenen Nährstoffkreisläufe finden sich in Wäldern, in denen das Herbstlaub für reichlich Nachschub sorgt, oder auch in Wildstaudenfluren, in denen nur genügsame Pflanzen wachsen.

Im Garten dagegen kultivieren wir viele anspruchsvollere Gewächse und entnehmen ständig Pflanzenmasse, sei es beim Ernten, beim Rasen- und Wiesenschnitt oder beim Abräumen unschön gewordener Blumen. Außerdem kann – ebenso wie in natürlichen Lebensräumen – ein Teil der Bodenvorräte durch Regen ausgewaschen werden.

So ist es auch im Biogarten, besonders beim Gemüseanbau, unerlässlich, das Bodenreservoir immer wieder durch Düngung aufzufüllen. Doch anders als bei herkömmlichem Anbau kommen hier nur organische sowie weitgehend naturbelassene mineralische Dünger zum Einsatz, deren Nährstoffe nur allmählich frei gesetzt und pflanzenverfügbar werden (siehe Seite 37). Die Düngung hat hier auch das Ziel, den Humusgehalt im Boden zu erhöhen bzw. zu bewahren und das nützliche Bodenleben zu aktivieren. Dazu dienen Natur- und Humusdünger wie Kompost, Mist, Hornspäne, Algenkalk und Gesteinsmehle. Leicht lösliche Mineraldünger dagegen haben im Biogarten nichts zu suchen.

Leider bleibt selbst der Biogarten nicht ganz frei von Schädlingen und Krankheiten, deshalb muss auch hier zuweilen gespritzt werden. Dafür kommen aber ausschließlich umweltschonende Naturstoffmittel infrage (siehe Seite 54).

41 Nützlinge sind die »Guten«, Schädlinge die »Bösen«

Viele Insekten und andere Kleintiere bevorzugen frische pflanzliche Kost. Entsprechend leiden Ihre Lieblingspflanzen oft unter Fraß- und Saugschäden. Wenn es sich dann noch um Pflanzen handelt, an denen wir selbst großes Interesse haben, stufen wir solche Viecher, also Blattläuse, Erdflöhe, Schnecken & Co., als Schädlinge ein. Beschränken sich Tiere, wie etwa Bienen und Hummeln, dagegen bei ihrer Ernährung auf Nektar und Pollen, die sie nebenbei auch als Bestäuber verteilen, werden sie uns ausgesprochen sympathisch. Das gilt ebenso für die Regenwürmer als Komposthelfer und erst recht für »Fleischfresser«, die Schädlinge reduzieren, beispielsweise Marienkäfer, Raubmilben und Spitzmäuse. Diese preisen und unterstützen wir als Nützlinge.

Das ist natürlich eine ausgesprochen parteiische, menschliche Sicht der Dinge. Alles in der Natur hat seinen Platz, und wenn es die sogenannten Schädlinge nicht gäbe, hätten die Nützlinge auch nichts zu fressen. Überspitzt gesagt: Würden wir z.B. Blattläuse als »Nützlings-nährtiere« bezeichnen, könnte das ihren Ruf durchaus aufpeppen.

Manche der Tiere, die sich räuberisch oder parasitisch ernähren, sind auf eine bestimmte Beute spezialisiert, so etwa Schlupfwespenarten, deren Larven nur Weiße Fliegen oder Schmetterlingsraupen von innen auffressen. Viele andere aber, von Laufkäfern über Spinnen bis zu Vögeln, haben einen breit gefächerten Geschmack: Ihnen ist es völlig egal, ob die Tiere, die ihren Hunger stillen, von uns als Schädlinge oder Nützlinge angesehen werden. Sie sind eben keine bestellten Kammerjäger, sondern sorgen in einem vielfältigen Zusammenspiel dafür, dass bestimmte Arten auf Dauer nicht überhandnehmen.

Einige Vögel sowie Ohrwürmer passen außerdem nicht so einfach ins Gut-Böse-Schema: Sie laben sich bei Bedarf auch an Obst, Blüten oder Samen, genießen aber trotzdem zu Recht eine hohe Wertschätzung als Schädlingsvertilger. Ähnlich verhält es sich mit dem Maulwurf: Der kann zwar durch seine Wühlerei gewaltig nerven, doch er frisst nicht an Pflanzen, sondern verputzt im Jahr bis zu 30 kg Boden-tiere, darunter auch Schnecken, Engerlinge und Draht-würmer.

42 Es gibt keine »Unkräuter«, nur Wildkräuter

Für manche Gärtner ist »Un-Kraut« ein Unwort. Denn ein Kraut bleibt ein Kraut, egal ob es uns gefällt oder stört. Auch solche ungebetenen Pflanzengäste haben ihre Daseinsberechtigung und oft auch ihren Nutzen, etwa für die Insektenwelt (siehe Seite 21). Außerdem wird im Prinzip alles zum Unkraut, das dort wächst, wo es nicht soll, also auch von selbst aufgegangenen Radieschen, Borretschpflänzchen und Stockmalven. Deshalb wird für Brennnessel, Vogelmiere, Franzosenkraut und ähnliche Spontanflora des Öfteren die Bezeichnung »Wildkräuter« bevorzugt.

Doch die meisten der sogenannten Unkräuter sind keine »echten« Wildpflanzen. Sie kommen kaum in siedlungsfernen Naturlebensräumen vor, sondern treten seit alters fast nur als Begleiter von Acker- und Gartenpflanzen auf, um die durch Menschenhand fruchtbar gemachte Krume zu nutzen. Manche von ihnen, etwa Melde und Guter Heinrich, wurden einst sogar als Gemüse angebaut und fielen erst als Unkräuter in Ungnade, nachdem der aus Spanien eingeführte Spinat die hiesigen Gärten erobert hatte.

Deshalb spricht man vor allem im Ökoanbau treffender von »Beikräutern«. Das hat sich allerdings im allgemeinen Sprachgebrauch noch kaum durchgesetzt. So stellt sich letztlich die Frage, ob es besser ist, die angeblichen »Wildkräuter« unpassenderweise mit wirklichen Wildblumen und -stauden gleichzustellen oder beim gewohnten Begriff Unkraut zu bleiben und diesen einfach neu zu definieren: als ein Kraut, das am UN-erwünschten Platz wächst.

Ratlos am Rasen

Neuen Rasen sät man im Frühjahr ein

In den ersten sonnigen Frühlingstagen hält's den Gärtner kaum noch im Haus: Jetzt muss es draußen losgehen. Im Gemüse- und Blumenbeet lässt sich im März tatsächlich schon das ein oder andere säen und pflanzen. **Dann könnte doch bald auch der neue Rasen an die Reihe kommen, damit er bis zum Sommer bereits einen satten grünen Teppich bildet?**

Besser nicht – frühe Rasensaaten bringen kaum den gewünschten Erfolg. Denn die Samen brauchen anhaltende Bodentemperaturen von mindestens 10° C, damit sie gleichmäßig und zuverlässig keimen. Zwar gibt es teils schon im März ausgesprochen warme Phasen, doch die werden nicht selten von plötzlichen Kälteeinbrüchen getrübt. Mit verlässlich hohen Bodentemperaturen kann man vielerorts erst ab Ende April oder Mai rechnen. Das sind aber häufig auch die trockensten Monate, nicht selten bereits mit ausgeprägten Hitzephasen.

Manche Rasenexperten raten deshalb, vorzugsweise gegen Mitte September zu säen, um die Restwärme des Sommers und zugleich die zunehmenden Herbstniederschläge zu nutzen. Allerdings fällt auch der September oft ziemlich trocken aus; und selbst der Oktober ist aufgrund des Klimawandels im Durchschnitt niederschlagsärmer geworden als früher. Im Allgemeinen empfiehlt es sich, mit der Rasensaat mindestens den Mai abzuwarten; ist der schon sehr heiß und trocken, wird das Unternehmen besser in den Frühherbst verschoben. So oder so müssen Sie nach der Aussaat für rund vier Wochen auf sehr gleichmäßige Feuchtigkeit achten. Falls es während dieser

Zeit nicht genug regnet, sollten Sie täglich bewässern: idealerweise vier- bis fünfmal jeweils etwa 10 Minuten lang, damit die oberste Schicht mit den keimenden Samen feucht bleibt, aber nicht zu nass wird.

44 Das Gras muss kurz gehalten werden

Regelmäßiges Rasenmähen vom späten Frühjahr bis zum Herbst gehört zu den wichtigsten Gärtnerpflichten. Nicht nur, weil zu hohes, umknickendes Gras unschön aussieht und das Begehen unangenehm macht: Durch das Stutzen kommt mehr Licht und Luft an die Basis. So bilden die Gräser von unten her immer wieder neue Seitentriebe und Ausläufer, und das Grün wird dichter. Außerdem kann das Mähen unerwünschte Kräuter im Zaum halten. »Wenn schon, dann richtig«, denkt sich da so mancher und stellt den Rasenmäher konsequent auf die niedrigste Schnitthöhe ein.

Das ist einer der häufigsten Irrtümer bei der Rasenpflege. Sehr kurzer Schnitt führt zwar tatsächlich zu einer dichten Grasnarbe, aber auch zu einer geschwächten Wurzelentwicklung. Die Gräser brauchen eine ausreichende »Grünreserve«, um sich nach dem Mähen wieder zügig und gleichmäßig zu regenerieren. Generell sollte der Aufwuchs höchstens um die Hälfte zurückgeschnitten werden. Außerdem trocknet bei radikal geschorenem Rasen der Boden sehr schnell aus, frei gelegte Wurzeln können sogar absterben. So entstehen Kahlstellen, an denen sich verstärkt Unkräuter oder Moose ansiedeln.

Als Faustregel für die Schnitthöhe gilt: 3,5–5 cm sind ideal. Für den repräsentativen Zierrasen empfiehlt sich die niedrigste Zahl; im normalen Gebrauchsrasen dagegen können die Gräser ruhig etwas länger bleiben, besonders im trockenen Hochsommer sowie in schattigen Bereichen. Schneiden Sie den Rasen auch vor dem Winter nicht zu kurz, das beugt Frostschäden vor. Wenn Sie dann im Frühjahr erst spät zum ersten Mähen kommen, z. B. weil es noch zu feucht war, oder wenn Sie nach dem Urlaub eine Wiese vorfinden, ist das Vorgehen in Etappen ratsam: zunächst behutsam mit der höchsten einstellbaren Schnittstufe mähen und dann erst in ein bis zwei weiteren Durchgängen im Abstand von einigen Tagen auf die übliche Schnitthöhe kürzen.

Im Sommer heißt es abends: »Wasser marsch!«

Kein Zweifel, anhaltende Trockenheit kann dem Rasen gewaltig zusetzen. Das frische Grün weicht grauen bis bläulichen Tönen oder gleich einem strohigen Gelb. Schlimmstenfalls sterben sogar Teile der Grasnarbe ab. Deshalb laufen an Sommerabenden in vielen Gärten die Regner auf Hochtouren, zuweilen so intensiv, dass es in einigen Regionen zu Wasserknappheit kommt.

Dabei ist das gar nicht nötig, ja oft sogar nachteilig. Beim allabendlichen Beregnen beschränkt man sich –

schon wegen der Wasserrechnung – meist auf recht kurze Laufzeiten und kleinere Wassermengen. So werden nur die oberen paar Zentimeter des Bodens feucht. Entsprechend reduziert sich das Wurzelwachstum auf diesen Bereich; dadurch sind die Gräser immer weniger in der Lage, von selbst mit Trockenzeiten zurechtzukommen. Das können sie ansonsten oft besser, als man vermutet, sofern der Boden nicht gerade extrem sandig und trocken ist. Notfalls reicht es sogar, den Regner erst in Gang zu setzen, wenn sich erste leichte Welkesymptome zeigen. Will man das nicht abwarten, genügt es selbst in längeren Trockenphasen, zwei- bis dreimal pro Woche zu bewässern – dann aber gründlich, sodass der Boden bis etwa 15 cm Tiefe durchfeuchtet wird. Dies sollte idealerweise schon morgens geschehen; denn abendliches Beregnen kann das Auftreten von Pilzkrankheiten fördern.

Wichtig ist es zudem, bei Trockenheit nicht allzu kurz zu mähen (siehe vorhergehenden »Irrtum«). Schließlich kann man auch das Schnittgut liegen lassen; dieses Mulchen hilft, die Bodenverdunstung zu mindern. Um mit gut zerkleinertem Schnittgut eventuellen Nachteilen vorzubeugen, empfiehlt sich dafür ein geeigneter Mulchmäher bzw. ein entsprechender Mulchaufsatz, den manche Hersteller anbieten.

46 Mit Moosvernichter wird der Rasen wieder schön

In vielen Gärten macht sich Moos im Rasen breit und trübt die Freude am erwünschten satten Grün. Da versprechen handelsübliche Moosvernichter schnelle und gründliche Abhilfe. Tatsächlich zeigen sie oft eine recht überzeugende Wirkung, besonders wenn sie mit einem passenden Rasendünger kombiniert werden.

Doch damit ist das Moosproblem nicht dauerhaft erledigt. Teils schon nach wenigen Monaten, spätestens aber im nächsten Frühjahr, tauchen die Moose wieder auf. Die Vernichtungsmittel können nur die Symptome kurieren, aber nicht die eigentlichen Ursachen: Das sind im einfachsten Fall zu tiefes oder aber zu seltenes Mähen sowie mangelnde oder ungeeignete Düngung. Dies lässt sich durch bessere Pflege leicht beheben. Für eine optimale Nährstoffversorgung empfiehlt sich eine gelegentliche Bodenuntersuchung (siehe Seite 41). Die zeigt dann auch, ob der Boden eventuell zu sauer ist, was die Moose begünstigt; dann hilft das Ausbringen von Kalk. Liegt der Säuregrad allerdings nur im schwach sauren Bereich (pH-Wert über 5,5), ist Kalken nicht ratsam und kann sogar die Moosbildung fördern.

Vorbeugend sowie zum Unterstützen einer direkten Moosbekämpfung empfiehlt sich außerdem regelmäßiges Vertikutieren, um Filz und Moosreste zu entfernen. Ist der Boden deutlich verdichtet und häufig nass, sollte er außerdem gründlich belüftet werden. Dazu bedarf es einer Aerifiziergabel oder eines motorisierten Aerifizierers. Solche Geräte stechen Löcher in die Grasnarbe, die man dann mit Sand oder Sand-Humus-Gemisch auffüllt, um den Boden nachhaltig luftiger zu machen.

Einfacher ist es, den Boden schon vor der Raseneinsaat sehr gründlich zu lockern und, wenn nötig, durch Einarbeiten von Sand und Splitt zu verbessern. Damit können Sie dem Auftreten von Moos von vornherein entgegenwirken, ebenso, indem Sie eine gute Qualität der Rasensaatmischung wählen. Im Umfeld von Bäumen und Sträuchern ist außerdem die Einsaat von speziellem Schattenrasen ratsam.

Schattenrasen wächst gut im Schatten

Wo Baumkronen, Strauchgruppen oder Gebäude den
Lichteinfall mindern, wächst der Rasen nur spärlich und
lückenhaft. Oft siedeln sich hier verstärkt Moose und
Algen an. Zudem müssen sich die Gräser gegen die
Wurzelkonkurrenz der Gehölze behaupten. Mit Schat-
tenrasen-Mischungen bietet sich scheinbar die optimale
Lösung für solche Standorte an.

Schattenrasen-Saaten sind für lichtarme Plätze sicher
besser geeignet als normaler Zier- oder Gebrauchsrasen.
Sie enthalten einen hohen Anteil an relativ schattenver-
träglichen Gräsern, vor allem Lägerrispe (*Poa supina*)
sowie z. B. Waldschmiele (*Deschampsia cespitosa*). Aber
wirklich befriedigen können sie nur an halbschattigen
oder lichtschattigen Stellen. So haben etwa mehrjährige
Versuche der Bayerischen Landesanstalt für Weinbau und
Gartenbau gezeigt, dass die meisten Schattenrasen-
Mischungen schon bei 40%-iger Lichtreduktion wenig
ansehnlich bleiben. Sie schaffen es zwar alle, die Fläche
geschlossen zu begrünen und damit auch wenig Moos
aufkommen zu lassen. Immerhin gelang das den meisten
Mischungen sogar noch bei starker Lichtreduktion von
70%. Doch schon bei der schwächer beschatteten Variante
wurde das Bild spätestens nach dem dritten Jahr unschön:

Die Grünflächen wuchsen uneinheitlich und wirkten dadurch zunehmend fleckig und »struppig«.

Schattenrasen sollte höchstens mit 5 cm Schnitttiefe gemäht, ausreichend und kalibetont gedüngt sowie im trockenen Schatten besonders gründlich bewässert werden. Und in stärker beschatteten Bereichen ist es oft sinnvoller und pflegeleichter, geeignete Bodendecker wie Golderdbeere (*Waldsteinia*), Taubnessel (*Lamium maculatum*) oder Immergrün (*Vinca minor*) zu pflanzen.

Blumenwiese ist viel einfacher als Rasen

Schluss mit dem ständigen Mähen, Beregnen und Vertikutieren – jetzt wird eine bunt blühende Naturwiese ausgesät. Die sieht nicht nur schön aus, sondern nützt auch der heimischen Tierwelt. So denken sich das immer mehr Gartenbesitzer, und das ist durchaus nicht verkehrt.

Allerdings muss man dann bereit sein, seine Bewegungsfreiheit ein wenig einzuschränken. Denn die naturnahen Grünflächen eignen sich weder für häufiges Begehen noch als Liegewiesen. Wer auf solche Annehmlichkeiten nicht ganz verzichten möchte, muss dann doch des Öfteren den Mäher anwerfen, um sich kleine Trittschneisen frei zu halten. Andernfalls braucht die Blumenwiese üblicherweise nur zwei Schnitte im Jahr, den ersten gegen Ende Juni, den zweiten gegen Ende September. Dafür müssen Sie freilich den Umgang mit einer Sense lernen oder mit der nicht ganz ungefährlichen Motorsense arbeiten oder sich einen leistungsstarken Alles- bzw. Wiesenmäher zulegen.

Was aber den Traum von der Blumenwiese verleidet, ist der nicht einfache Weg dahin. Sät man eine Allerwelts-

Wiesenmischung mit Klatschmohn, Kornblumen und Margeriten aus, sieht das im ersten Jahr oft noch gut aus. Doch im Folgejahr sind die attraktiven Blüher meist schon verschwunden, und es machen sich vor allem typische Gartenunkräuter wie Giersch, Wegerich und Disteln breit. Die sind auf die nährstoffreichen Gartenböden gut eingestellt. Eine wirklich artenreiche Wildflora dagegen entwickelt sich vor allem in Magerwiesen.

Zwar können Sie den Boden durch anfangs häufiges Mähen sowie das Einarbeiten von reichlich Sand »aushungern«, doch dafür brauchen Sie einige Jahre Geduld. Etwas einfacher geht es mit Blumenwiesen-Mischungen, die jeweils auf unterschiedliche Standorte zugeschnitten sind und so z. B. auch auf nährstoffreichen Böden zu einer recht ansehnlichen Wiese führen. Grundsätzlich gehört es aber auch zu den Eigenheiten einer Wiese, dass sich die Pflanzenzusammensetzung mit der Zeit ändert. Will man sich davon nicht gänzlich überraschen lassen, empfiehlt sich des Öfteren gezieltes Nachsäen oder das Einpflanzen hübscher Wildstauden.

Blümerant im Blumengarten

Stauden sind große, stattliche Pflanzen

Viele sprechen von Tomaten-, Bananen- oder auch Hanf-stauden. Von daher scheint ungefähr klar zu sein, was »Stauden« sind: ziemlich große, buschige Pflanzen, so ähnlich wie Sträucher, aber ohne holzige Zweige.

Das Einzige, das daran stimmt, ist das Fehlen verholzter Triebe: Stauden im botanischen Sinn sind krautige, perennierende Pflanzen. Sie überdauern mithilfe unterirdischer Speicherorgane wie kräftigen Wurzeln oder Rhizomen (aus verdickten Sprossen). Da ihre Stängel nicht verholzen, sterben diese meist nach der Blüte und Samenbildung ab, um mit den im Boden geschützten Speicherorganen den Winter zu überstehen. Im Frühjahr treiben die Stauden daraus wieder neu aus. Manche ziehen ihre oberirdischen Teile auch schon im späten Frühjahr ein, um der Sommertrockenheit auszuweichen.

Diese Lebensweise kennen wir im Garten vor allem von mehrjährigen Blumen wie Schafgarbe, Glockenblumen und Sonnenhut. Deshalb wird der Begriff »Stauden« meist mit ausdauernden Zierpflanzen gleichgesetzt, zu denen neben attraktiven Blütenstauden auch Ziergräser wie Chinaschilf zählen; außerdem im weiteren Sinn die Zwiebel- und Knollenblumen, wie Tulpen und Lilien.

Dabei ist es völlig gleich, ob die Pflanzen groß und buschig werden, wie z. B. Rittersporn und Pfingstrose, nur niedrige Polster bilden, wie z. B. Blaukissen und Pfingstnelken, oder als Winzlinge in Steinfugen wachsen, wie z. B. Hauswurz und Mauerpfeffer: Sie alle sind Stauden.

Tomaten und Hanf (Cannabis) dagegen sind eindeutig keine, da es sich um einjährige, kurzlebige Pflanzen handelt. Von den eingangs genannten wächst nur die Banane wirklich als Staude; ebenso wie beispielsweise Erdbeeren, Rhabarber, Liebstöckel und andere mehrjährige, aber nicht verholzende Nutzpflanzen.

 ## 50 Im Herbst werden alle Stauden zurückgeschnitten

Im Spätjahr werden die meisten Stauden unansehnlich: Rittersporn, Schafgarbe, Silberkerze, Sonnenauge & Co. ziehen ein, das heißt, sie lassen ihre oberirdischen Teile absterben. Nun kann man die welken Stängel knapp über dem Boden wegschneiden. Das schafft dann auch Platz für den Neuaustrieb im folgenden Frühling. Wenn man rechtzeitig zurückschneidet, lässt sich zudem eine unerwünschte Selbstaussaat verhindern.

Doch der radikale Rückschnitt im Herbst empfiehlt sich längst nicht für alle Stauden. Bei etwas frostempfindlichen Schönheiten, wie Astilben, Fackellilien (*Kniphofia*) und Herbstanemonen, werden die alten Stängel und Blätter besser erst im Frühjahr zwischen dem neuen Austrieb herausgeschnitten. So können sie über Winter den Wurzelbereich etwas schützen.

Ein Rückschnitt erst im Frühjahr ist außerdem ratsam bei Stauden, die ansprechende Samen- und Fruchtstände bilden, z. B. Fetthenne (*Sedum*), Sonnenhut (*Echinacea, Rudbeckia*), Edeldistel (*Eryngium*) und die meisten Ziergräser. Selbst nach dem Verbräunen wirken deren Samenstände im winterlichen Garten ansprechend und geradezu malerisch, wenn sie von Raureif überzogen sind. Natürlich sollte man sich auch keinesfalls der wintergrünen Blätter etwa von Bergenien, Elfenblumen (*Epimedium*) und Purpurglöckchen (*Heuchera*) berauben: Hier genügt es, im Frühling welkes Altlaub zu entfernen.

Schließlich gibt es eine Reihe von Stauden, die am besten gleich nach der Blüte – je nach Art im Früh-, Spätsommer oder Frühherbst – zurückgeschnitten oder etwas eingekürzt werden. Das gilt z. B. für Frauenmantel, Türkischen Mohn, Mädchenauge (*Coreopsis*) sowie Polsterstauden wie Blaukissen und Polsterphlox.

Das welke Laub der Zwiebelblumen kann man entfernen 51

Ebenso wie die Blütenstauden ziehen Zwiebel- und Knollenblumen nach der Blüte allmählich ein und bekommen gelbe, schließlich braune Blätter. Da es sich meist um schöne Frühlingsblüher, wie Narzissen, Krokusse und Blausternchen, handelt, geschieht dies schon im späten Frühjahr oder Frühsommer. Da juckt's manchen in den Fingern, wenn die gerade einsetzende Sommerblütenpracht durch welkes Zwiebelblumenlaub getrübt wird. Und wenn Zwiebelblumen im Rasen wachsen, würden einige am liebsten gleich mit dem Mäher darübergehen.

Aber stopp – hier lohnt sich etwas Geduld. Lassen Sie die Zwiebel- und Knollenblumen ihre Blätter vollständig einziehen, bis praktisch nichts mehr zu sehen ist. Nur so können sie ausreichend Reservestoffe in ihren unterirdischen Organen einlagern, um im folgenden Frühjahr wieder üppig auszutreiben und zu blühen. Deshalb hat es sich auch bewährt, die Frühlingsblüher in Beeten und Rabatten nicht an den vorderen Rand, sondern weiter nach hinten zu setzen. So verdecken die sommergrünen Blumen mit zunehmendem Wachstum die welkenden Laubreste.

Etwas Nachhelfen ist nur bei Kaiserkronen und Holland-Iris sinnvoll: Hier können Sie die verwelkten Blütenstiele bis zu den obersten Blättern einkürzen und später das verbräunte Laub bis knapp über dem Boden zurückschneiden. Bei prachtvollen Gartentulpen schneidet man die verblühten Stiele bis zur Hälfte zurück, lässt aber die Blätter unbehelligt und komplett einziehen.

 ## 52 Zwiebelblumen lassen sich erst beim Welken der Blätter teilen

Einmal im Herbst gesteckt, breiten sich viele Frühjahrszwiebelblumen mit den Jahren zu kleinen Teppichen aus. Dieses oft willkommene »Verwildern« gelingt ihnen durch Bildung von Brut- bzw. Tochterzwiebeln, teils auch durch Selbstaussaat. Das lässt sich zur gezielten Vermehrung nutzen, indem man dichte Zwiebelgrüppchen ausgräbt, sie in kleinere Klumpen zerteilt und diese an verschiedenen Stellen wieder einsetzt. Traditionell wird für dieses Teilen die Zeit nach der Blüte empfohlen, nachdem die Blätter bereits weitgehend verwelkt sind.

Das ist zumindest für englische Gartenfreunde ein großer Irrtum. In Großbritannien, wo man die kleinen, anmutigen Frühjahrszwiebelblumen geradezu verehrt, wird seit Jahren das Pflanzen »in the green« propagiert, also mit grünen Blättern. Entsprechend bieten dort etliche Gärtnereien z. B. Schneeglöckchen, Winterlinge, Hasenglöckchen, Traubenhyazinthen und Wildkrokusse nicht im Herbst als Zwiebeln an, sondern erst im Vorfrühling als bereits ausgetriebene Pflanzen. Nach verbreiteten Erfahrungen wachsen sie so besser an und entwickeln sich in den Folgejahren vitaler und blühfreudiger. Gerade bei den kleinen Zwiebeln, etwa von Schneeglöckchen, lässt sich so auch die Gefahr des schnellen Austrocknens vermeiden.

Aus denselben Gründen hat sich das Teilen dieser Pflanzen mit noch grünen Blättern bewährt. Besonders bei Schneeglöckchen und Winterlingen machen das die englischen Kollegen oft sogar schon während der Blüte. Dabei muss man allerdings sehr behutsam mit dem Wurzelwerk umgehen, was bei größeren Zwiebeln, beispielsweise von Narzissen, schon etwas schwieriger wird. Bei denen ist nach wie vor der altbekannte Termin beim Welken der Blätter empfehlenswert.

53 Geflammte Tulpen haben eine Viruskrankheit

Zu gefährlichen Börsenturbulenzen kommt es heute durch Bankenkrisen, Staatsschulden und ähnlich schnöde Zusammenhänge. Im Holland des 17. Jahrhunderts war das »blumiger«, aber nicht weniger tragisch: Dort führte eine wahnhafte Tulpen-Manie 1637 zum ersten Börsencrash der Geschichte. Spekulanten trieben die Preise für die damals raren Tulpenzwiebeln in schwindelerregende Höhen, und viele Kaufleute verschuldeten sich dabei bis aufs letzte Hemd. Die letzten Auslöser der Misere waren die Rembrandt-Tulpen, von einer Schönheit, die man bis dahin noch nicht gesehen hatte: mehrfarbig gestreift und gezeichnet, in flammenartigen Tönen und Verläufen – und damit wahre Kostbarkeiten. Erst 1928 entdeckten Wissenschaftler, welche Künstler hier am Werk waren: Die spektakuläre Farbwirkung wurde durch Mosaikviren hervorgerufen. Und so stehen geflammte Tulpensorten bis heute unter dem Verdacht, von Viren befallen zu sein.

Tatsächlich gibt es noch einige der historischen Rembrandt-Sorten mit der Vireninfektion, die die Tulpen ansonsten nur mäßig schädigt, sich aber auf Nachbarpflanzen ausbreiten kann. Solche Tulpen werden aber nur noch in botanischen Gärten unter streng kontrollierten Bedingungen angepflanzt.

Ebenso schön geflammte Tulpen, die sich heute jeder – ohne sich zu verschulden – im Gartenfachhandel kaufen kann, sind völlig virusfrei: Hier resultiert die attraktive Tönung aus moderner, langwieriger Züchtungsarbeit.

Amseln fressen Krokusse

Amseln fliegen geradezu auf Krokusse, allerdings fast nur auf gelb blühende. Mancherorts machen sich diese Singvögel im Frühjahr heftig über die schönen Blüten her, verwüsten ganze Beete und verleiden den Gärtnern die Freude am zeitigen Flor. Doch haben Amseln die gelben Krokusse tatsächlich zum Fressen gern? Zerfetzen sie die Blüten eventuell, um sich die Staubgefäße und den Nektar munden zu lassen?

Nein, sagen Vogelexperten, das ist das Werk stürmischer Amselmännchen, die ihr Revier verteidigen wollen. Die Krokusblüten, besonders die gelben, erinnern sie an die Schnäbel ihrer Rivalen. Wachsen die Krokusse ausgerechnet dort, wo eine Reviergrenze verläuft, machen sie die Amseln aggressiv, mit der Folge, dass diese wütend darauf einhacken, um sich abzureagieren.

Davon lassen sie sich weder durch Vogelscheuchen noch durch flatternde Aluminiumstreifen oder Ähnliches abhalten. Manche Gärtner berichten immerhin von guten Erfahrungen mit Handbesen, die sie zwischen die Krokusse stecken oder legen: Scheinbar werden diese aufgrund ihrer Borsten von manchen Amseln für Katzen gehalten.

Ob Petunien, Studentenblumen oder Schmuckkörbchen, ob im Balkonkasten oder im Beet: Besonders bei einjährigen Sommerblumen wird stets empfohlen, welke Blüten frühzeitig und regelmäßig zu entfernen. Das sieht sicherlich besser aus. Aber ist das nicht vor allem eine Sache für Ordnungsfans, die zu viel Zeit haben?

Nein, keinesfalls. Das Ausputzen welker Blüten verbessert nicht nur die Optik. Es beugt auch der Ausbreitung von Blütenfäulnis und Pilzkrankheiten vor, die bei Blumen mit gefüllten, nach Regen langsam abtrocknenden Blüten besonders heikel werden kann. Vor allem aber sorgen Sie mit dem Ausputzen dafür, dass die Blumen immer wieder Blütenknospen ansetzen und so unermüdlich neuen Flor entfalten. Denn wenn die welken Blüten hängen bleiben, investieren die Pflanzen die meiste Energie in ihr eigentliches Ziel: nämlich Samen für ihren Fortbestand zu bilden. Versprechen die bisher gebildeten Blüten schon ausreichend Nachwuchs, gibt es kaum noch einen Anreiz, weitere anzulegen. Selbst hochgezüchtete Blumen, die gar nicht mehr zur Samenbildung fähig sind, reagieren häufig noch nach diesem in den Genen verankerten Muster. Bei eher naturnahen Blumen dagegen, beispielsweise Ringelblumen und Stockrosen, dient das Ausputzen auch dazu, einer unerwünschten Selbstaussaat zuvorzukommen.

Teils lassen sich die welken Blüten leicht abziehen oder abkneifen. Meist ist es aber am besten, die verwelkten Blütenstände mitsamt Stiel ganz herauszuschneiden. Mit dieser Methode können Sie bei vielen Stauden die Blütezeit verlängern, beispielsweise bei Phlox, Pfingstrose, Ehrenpreis, Lupine und Taglilie (*Hemerocallis*) – nicht zu vergessen auch bei manchen Blütensträuchern, vor allem Rosen, Rhododendren und Flieder.

Aspirin und Spülmittel halten Schnittblumen frisch

Schnittblumen sind nichts für die Ewigkeit, aber man möchte doch möglichst lang an ihnen Freude haben. So machen seit jeher Geheimtipps die Runde, wie sich mit Zugaben zum Vasenwasser die Lebensdauer verlängern lässt. Das reicht von Zucker, Aspirintabletten, einem Tropfen Spülmittel oder Kupfermünzen über Essig oder Soda bis hin zu Bleichmitteln oder Viagra. Zumindest für manche dieser Zusätze gibt es halbwegs einleuchtende Begründungen. So soll z. B. Spülmittel durch Herabsetzen der Oberflächenspannung die Wasseraufnahme verbessern, Kupfer und anderen Zusätzen schreibt man hemmende Effekte auf fäulnis- und welkefördernde Mikroorganismen zu.

Die meisten Floristen raten jedoch von solchen Experimenten ab. Am zuverlässigsten wirken in der Regel die handelsüblichen Frischhaltemittel, die man beim Kauf von Schnittblumen oft schon in Tütchen mit dazubekommt. Sie enthalten meist Zucker, bakterien- und pilzhemmende Substanzen sowie Pflanzenhormone, und zwar in einer genau auf diesen Zweck abgestimmten Mischung. Sicher kann man dem Wasser auch eine Prise normalen Zuckers zugeben; doch selbst wenn er nur ein wenig überdosiert wird, bildet er einen idealen Nährboden für fäulniserregende Bakterien und Pilze.

Aspirin, Spülmittel und Kupfermünzen zeigen in »Versuchen«, wie sie z. B. Zeitschriften immer wieder mal durchführen, gelegentlich gute Wirkungen, aber noch häufiger keine oder gar nachteilige Effekte. Vor allem

Aspirintabletten führen zuweilen dazu, dass die Blumen noch schneller welken. Dabei scheint es auch Unterschiede zu geben, je nachdem, ob Rosen, Sommerblumen oder Zwiebelblumen die Vase zieren.

Viel wichtiger als solche fragwürdigen Zusätze ist die richtige Schnittblumenpraxis: Blumen im eigenen Garten vorzugsweise frühmorgens schneiden und nie in der Mittagshitze; dies mit einem scharfen, sauberen Messer etwa in der Mitte zwischen zwei verdickten Knoten am Stängel, dann die unteren Blätter entfernen und das Stielende mit einem schrägen, lang gezogenen Anschnitt versehen, am besten unter fließendem Wasser. Nur sehr weiche Stiele, etwa von Zwiebelblumen, werden gerade angeschnitten. Schließlich eine sorgfältig gereinigte Vase, sauberes Wasser, ungefähr mit Zimmertemperatur, das etwa alle drei Tage erneuert wird (zuvor jeweils die Stielenden wieder anschneiden), dazu ein mäßig warmer Platz ohne pralle Sonne und ohne Zugluft: Das sind die besten Voraussetzungen, um den Anblick schöner Sträuße über Wochen zu genießen.

Rüdheiten an Rosen

Rosen müssen kräftig gedüngt werden

Prächtige Blüten, üppiger Wuchs und sattgrüne Blätter: Bei solch einem Erscheinungsbild achtet man gern auf eine gute Nährstoffversorgung, zumal es sich um die hoch geschätzte »Königin der Blumen« handelt. So werden Rosen oft großzügig mit Blaukorn und ähnlichen Mineraldüngern bedacht, teils mehrmals bis in den Herbst hinein.

Doch das ist oft zu viel des Guten. Leider beginnen manche Rosenfreunde damit schon beim Pflanzen, indem sie das Pflanzloch mit reinem Kompost auffüllen oder kräftig Dünger unter die Erde mischen. Ersteres führt zum nachteiligen »Blumentopf-Effekt« (siehe Seite 15), Letzteres kann sogar die Wurzeln schädigen, wenn leicht löslicher Mineraldünger verwendet wird. Dünger brauchen und verkraften die jungen Rosen erst, nachdem sie gut eingewachsen sind. Im Jahr nach der Pflanzung bzw. im Sommer nach einer Frühjahrspflanzung genügt eine Düngergabe Ende Juni/Anfang Juli; danach dann zwei Gaben pro Jahr, die erste gegen Anfang April, die zweite gegen Ende Juni.

Verwenden Sie dafür am besten speziellen Rosendünger, und zwar nur gemäß den Dosierungsempfehlungen auf der Verpackung. Besonders bewährt haben sich organischmineralische und organische Dünger. Zu viel stickstoffhaltiger Dünger führt zu »mastigem« Wuchs und macht die Pflanzen anfälliger für Krankheiten und Schädlinge. Ausgesprochen kritisch ist eine späte stickstoffreiche Düngung nach Ende Juni: Dann können die jungen Triebe nicht mehr richtig ausreifen, sodass Frostschäden drohen.

58 Färben sich Rosenblätter gelb, fehlt Dünger

Häufig hellen sich die Blätter von Rosen auf und werden gelb bis fast weißlich, nur die Blattadern bleiben noch grün. In der Regel beginnt dies an den jüngsten Blättern. Nicht selten versuchen Gärtner dann gegenzusteuern, indem sie mehr Dünger ausbringen – teils sogar gezielt mit einem hohem Anteil an Stickstoff, weil dieser an der Bildung von Blattgrün beteiligt ist.

Tatsächlich zeigen die genannten Symptome einen Nährstoffmangel an, allerdings nicht an Stickstoff oder anderen Hauptnährelementen, sondern an Eisen, das die Pflanzen nur in mäßigen Mengen benötigen. Dabei ist meist schon genug Eisen im Boden vorhanden; die Pflanzen können es aber nicht nutzen, weil die Aufnahme durch einen zu hohen Kalkgehalt des Bodens (ab einem pH-Wert über 7) blockiert wird.

Kurzfristig können Sie solch einen Mangel mit speziellen Eisendüngern aus dem Fachhandel beheben. Auf Dauer jedoch ist es wichtig, auf jede unnötige Kalkgabe zu verzichten und nur mit weichem Wasser (z. B. gesammeltem Regenwasser) zu gießen statt mit hartem, kalkhaltigem Leitungswasser. Zeigt eine Bodenuntersuchung einen deutlich überhöhten pH-Wert an, lässt sich dieser durch mehrmaliges Einarbeiten von saurem Laub- oder Nadelkompost, torffreier Rhododendrenerde oder notfalls auch Torf allmählich absenken. Helfen können außerdem sauer wirkende Düngemittel wie Schwefelsaures Ammoniak.

Rosen brauchen häufig Wasser

Rosen sind keine Trockengewächse: So kann es bereits im späten Frühjahr zu Welkeanzeichen kommen, wenn wochenlang kein Regen fällt.
Später beeinträchtigt anhaltender Wassermangel dann auch das Ansetzen neuer Blütenknospen. Zudem fördert ein zu trockener, heißer Stand den Befall mit Blattläusen und Spinnmilben. Vorsorglich wässern deshalb manche Rosenfreunde ihre Lieblingspflanzen täglich, zuweilen sogar mit dem Regner.

Rosen sind allerdings gute »Selbstversorger«, denn sie bilden tief reichende Wurzeln und kommen so mit Trockenphasen besser zurecht als viele andere Pflanzen. Gießt man sie jedoch häufig mit kleineren Wassermengen, konzentrieren sie ihr Wurzelwerk, besonders die wasseraufnehmenden Feinwurzeln, nahe der Erdoberfläche. Dadurch wird das ständige Gießen geradezu zwingend und birgt nebenbei die Gefahr, dass die Rosen häufig zu feucht stehen.

Deshalb wässert man am besten seltener, dann aber gründlich: 10–30 Liter pro m², mit einem Schlauch ohne Brauseaufsatz direkt in den Wurzelbereich – das reicht bei einem Boden mit normalem Wasserspeichervermögen

selbst im Hochsommer meist für eine Woche. Gießen
Sie auf sandigen Böden mit der höchsten Wassermenge
und etwas häufiger, auf schweren, tonhaltigen Böden
entsprechend seltener und zurückhaltender. Optimal ist
es, wenn Sie schon morgens zum Gießen kommen,
andernfalls in den frühen Abendstunden. Vermeiden
Sie dabei möglichst das Benässen der Blätter oder gar
der Blüten, um einer Ausbreitung von Pilzkrankheiten
vorzubeugen.

60 Rosen schneidet man im Herbst schon mal um die Hälfte zurück

Die meisten Rosen brauchen einen regelmäßigen Schnitt,
damit sie ihre Blüh- und Wuchsfreude bewahren und
nicht verkahlen. Das gilt besonders für Beet- und Edelrosen, die man jährlich kräftig zurückschneiden sollte – je
nach Wuchsstärke der Sorten und Triebe auf drei bis sechs
Augen bzw. etwa 20–40 cm. Der beste Termin dafür ist das
Frühjahr, um die Zeit der Forsythienblüte. Daneben kur-
siert aber auch der Ratschlag, man solle die Triebe bereits
im Spätjahr um die Hälfte einkürzen. Zum einen, weil es
ordentlicher aussieht, zum andern, weil es angeblich die
Pflanzengesundheit fördert.

Davon raten jedoch fast alle Rosenexperten ab. Wenn
die Triebe in strengen Wintern erfrieren, betrifft das
hauptsächlich den oberen Bereich. Wurde der bereits weg-
geschnitten, verstärkt dies das Risiko, dass die Triebteile
an der Basis mitsamt den Augen bzw. Knospenanlagen
Frostschäden erleiden. Bleibt der Frühwinter dagegen
ausgesprochen mild, kann der Spätjahrsschnitt die Rose
zu einem vorwitzigen Neuaustrieb anregen, der die Frost-
härte der gesamten Pflanze mindert.

Deshalb ist es ratsam, im Herbst höchstens sehr stark wachsende Sorten leicht einzukürzen und ansonsten nur Zweige, die von Pilzkrankheiten befallen sind, herauszuschneiden. Alles andere geschieht besser im Frühjahr, nachdem die stärksten Fröste vorüber sind. Dann können Sie leichter abschätzen, welche Triebe und Augen den Winter gut überstanden haben.

Übrigens ist der früher bewährte Stichtermin zu Beginn der Forsythienblüte nicht mehr ganz so zuverlässig. Denn infolge des Klimawandels öffnen die Forsythien ihre gelben Glöckchen zuweilen schon früh im März oder gar im Februar. Warten Sie in dem Fall mit dem Rosenschnitt lieber bis Ende März oder Anfang April.

Beim Pflanzen im Frühjahr ist Anhäufeln nicht nötig

Rosen gibt es zwar auch als Containerpflanzen, die man fast jederzeit setzen kann, doch die häufigste Angebotsform sind wurzelnackte Rosen ohne Erdballen. Die kommen am besten im Spätjahr in den Boden, nachdem man die Triebe und Wurzeln auf etwa 20 cm eingekürzt hat. Nach dem Einpflanzen wird rundum ein schützender Erdhügel angehäufelt, so hoch, dass nur noch die Triebspitzen herausschauen. Diesen Hügel häufelt man frühestens gegen Ende März ab, wenn keine starken Fröste mehr drohen. Auf dieselbe Weise lassen sich wurzelnackte Rosen auch noch im März und April setzen. Leider verzichten Rosenfreunde dann oft auf das Anhäufeln, weil sie das vor allem als Frostschutzvorkehrung einstufen.

Das ist ein fataler Irrtum. Denn der angehäufelte Erdhügel bewahrt die junge Rose nicht nur vor Kälte, sondern auch vor dem Austrocknen, und diese Gefahr ist gerade

nach dem Pflanzen in sonnigen, warmen Frühjahrswochen besonders groß. Deshalb schneidet man bei der
Frühjahrspflanzung auch die Triebe noch etwas stärker
zurück, auf rund 15 cm. Vor dem Einsetzen werden die
Pflanzen am besten einen Tag lang bzw. über Nacht komplett in eine Wanne mit Wasser gestellt oder gelegt. Und
nach dem Pflanzen sollte man ebenso wie bei der Herbst-
pflanzung gründlich anhäufeln. Entfernen Sie die
»Frühjahrshügel« erst nach vier bis acht Wochen,
nachdem sich rund 10 cm lange, belaubte
Neutriebe entwickelt haben.

 **62** **Überalterte Rosen? Einfach neue pflanzen**

Gartenrosen können über viele Jahrzehnte attraktiv
bleiben, doch irgendwann zeigen auch sie Alterserschei-
nungen und lassen in der Blühfreude nach. Manchmal
gefallen sie dem Gartenbesitzer auch nicht mehr, oder er
möchte den schönen Anblick oder intensiveren Duft einer
neu entdeckten Lieblingssorte genießen. Dann liegt es
nahe, die alten Exemplare oder das gesamte Beet durch
eine Neupflanzung an derselben Stelle zu ersetzen.

Doch so wird die Freude an den neuen Rosen oft getrübt: Häufig wachsen die Pflanzen langsam, kümmern oder gehen sogar ein. Ursache ist die sogenannte Boden- bzw. Rosenmüdigkeit. Woraus diese resultiert, ist bis heute nicht genau bekannt. Wahrscheinlich sind es mehrere Faktoren, die den Boden »ermüden«. Dabei spielen vermutlich Ausscheidungen älterer Rosenwurzeln, die das Wachstum junger Wurzeln hemmen, ein Rolle; dazu der einseitige Nährstoffentzug und das Ansiedeln schädlicher, auf Rosengewächse spezialisierter Nematoden (Wurzelälchen) sowie bestimmter Mikroorganismen, die junge Wurzeln schädigen. Betroffene Standorte brauchen etwa fünf bis sieben Jahre, bis sie wieder rosentauglich sind. Eine Gründüngung mit Tagetes und Ringelblumen kann zur Erholung des Bodens beitragen.

Das Problem der Bodenmüdigkeit können Sie am einfachsten umgehen, indem Sie die neuen Rosen an einen anderen Platz setzen, an dem zuvor weder Rosen noch andere Gehölze aus der Familie der Rosengewächse, wie z. B. Spierstrauch (*Spiraea*), Kirschen, Apfel und Birne, standen. Andernfalls empfiehlt sich ein mindestens 50 cm tiefer Bodenaustausch, bei Gruppenpflanzung auf der ganzen Fläche, bei Einzelpflanzung wenigstens 50 cm breit. Übrigens erholen sich durch Bodenmüdigkeit beeinträchtigte Rosen meist wieder, wenn sie frühzeitig an eine andere Stelle umgepflanzt werden.

Schnitzer bei Sträuchern

63 Gehölze kann man ja stutzen, wenn sie zu groß werden

Schon beim verbreiteten »Irrtum« mit den Pflanzlücken (siehe Seite 12) wurde davor gewarnt, Sträucher und Bäume zu dicht zu setzen. Aber gerade in den heute meist recht kleinen Gärten fällt es schwer, solche Ratschläge zu beherzigen. Schließlich würde das ja auch bedeuten, auf das ein oder andere schmucke Gehölz ganz zu verzichten. So trösten sich viele Gartenbesitzer mit der Hoffnung, dass sich die Sträucher und Bäume später notfalls durch Schnitt klein halten lassen.

Sicherlich gibt es eine Reihe von Gehölzen, die einen regelmäßigen, starken Rückschnitt gut vertragen, allen voran typische Heckengehölze wie Liguster und Scheinzypresse. Auch manche Arten, die vorzugsweise einzeln gepflanzt werden, nehmen kaum einen Schnitt krumm und lassen sich dadurch auch im Zaum und in Form halten; so etwa Hasel, Pfaffenhütchen, Holunder, Schlingknöterich und Buchs.

Doch unter der großen Auswahl an Gartengehölzen sind das eher Ausnahmen. Bei etlichen Sträuchern, beispielsweise Forsythie, Flieder, Felsenbirne und Zierquitte, beschränkt sich der optimale Schnitt auf gelegentliches Auslichten der ältesten Triebe. Manche von ihnen können zuweilen auch kräftig zurückgeschnitten werden. Aber das führt oft zu einem ebenso kräftigen Neuaustrieb – eine »Verkleinerung« lässt sich so kaum erreichen. Wird andererseits immer nur ein bisschen an den Triebspitzen herumgeschnippelt, bilden sich häufig unschöne besenartige Verzweigungen. Daneben gibt es etliche Gehölze, die sich kaum durch Neuaustrieb regenerieren, z. B. Zaubernuss, Magnolien, Fächer- und Japanischer Ahorn, Ginster, Goldregen sowie die meisten Nadelgehölze (mit Ausnahme der für Hecken verwendeten Arten). Hier kann ein kräftiger Rückschnitt schlimmstenfalls das gesamte Gehölz ruinieren.

Bäume und baumartige Großsträucher schließlich büßen durch Schnitt oft stark an Wirkung ein. Werden zu groß gewordene Kronen gekappt, entstehen oft traurige Gestalten mit bizarren Vergabelungen. Bei jüngeren Bäumen wächst der Neuaustrieb zuweilen auch so stark und dicht, dass die Krone nach wenigen Jahren noch raumgreifender wird als vor dem Stutzen.

Ziersträucher werden alle im Winter geschnitten

64

Wenn sonnige Wintertage nach draußen locken, erwacht bei manchen Gärtnern gleich der Tatendrang – also her mit Säge und Schere und schon einmal die Sträucher schneiden und auslichten. Das ist bei vielen laubabwerfenden Gehölzen grundsätzlich auch in Ordnung: Sie werden am besten in der Ruhephase zwischen Herbst und Frühjahr geschnitten.

Doch gerade die sonnigen Wintertage gehen oft mit frostigem Hochdruckwetter einher. Bei Frost sollten Sie keinesfalls schneiden, das führt leicht zum Aufreißen, Ausbrechen und ähnlichen Verletzungen an den Schnittstellen, die dann ein späteres Nachschneiden nötig machen. Außerdem ist ein Schnitt im Vorfrühling, von Februar bis kurz vor dem Austrieb, generell günstiger. Dann müssen Sie kaum damit rechnen, dass noch komplette Triebe erfrieren, und können über Winter Abgestorbenes gezielt herausschneiden. Zudem verheilen die Schnitt- und Sägewunden wesentlich besser, wenn nach dem Winterende allmählich die Säfte steigen.

Warten Sie bei immergrünen Laubgehölzen wie Buchs und Lorbeerkirsche noch etwas länger, bis sich der Frühjahrsaustrieb gut entwickelt hat und keine stärkeren Fröste mehr drohen. Je nach Region und Wetterverlauf ist das oft erst im April der Fall. Noch mehr Geduld empfiehlt sich bei allen Frühjahrs- und Frühsommerblühern, wie Forsythie, Blutjohannisbeere und Weigelie: Die schneidet man am besten erst nach der Blüte, um sich nicht bereits angelegter Blütenknospen zu berauben. Im Spätwinter oder Vorfrühling sollte man hier lediglich abgestorbene Zweige und Triebpartien herausschneiden.

65 Sommerflieder, Hortensien und Spireen brauchen radikalen Rückschnitt

Einige der schönsten Sommer- und Herbstblüher tragen ihre Blüten hauptsächlich oder nur an jungen Trieben, die im Frühjahr aus Seitenknospen austreiben. Deshalb blühen sie besonders reich, wenn man die vorjährigen Zweige noch vor dem Austrieb fast bis zur Basis zurückschneidet, sodass nur noch Stummel mit einigen

Knospen bzw. Augen stehen bleiben. Zu den beliebtesten Gehölzen, bei denen sich diese Praxis empfiehlt, gehören Beet- und Edelrosen, Bartblume (*Caryopteris x clandonensis*), Johanniskraut (*Hypericum calicynum*) und Besenheide (*Calluna vulgaris*); ebenso manche Schmetterlingssträucher, Hortensien und Spiersträucher (Spireen).

Zum unangenehmen Irrtum wird das aber, wenn man bei den Letztgenannten nicht genau auf die Arten achtet, die am zuverlässigsten durch die botanischen Namen gekennzeichnet sind. Der am häufigsten gepflanzte Sommerflieder oder Schmetterlingsstrauch (*Buddleja davidii*) verträgt und braucht diesen radikalen Rückschnitt im zeitigen Frühjahr, der ebenfalls attraktive Schmalblättrige Sommerflieder (*Buddleja alternifolia*) dagegen nicht: Er blüht an den vorjährigen Trieben und darf nur gelegentlich ausgelichtet werden.

Unter den Hortensien sind Ballhortensie (*Hydrangea arborescens*) und Rispenhortensie (*Hydrangea paniculata*) Kandidaten für den starken Rückschnitt – keinesfalls jedoch die Garten- oder Bauernhortensie (*Hydrangea macrophylla*). Unter den Spiersträuchern werden nur Sommerblüher wie *Spiraea* x *bumalda* und Spiraea *japonica* im Vorfrühling kräftig zurückgeschnitten – bei Frühjahrsblühern wie Brautspiere (*Spiraea* x *arguta*) und *Spiraea nipponica* dagegen schneidet man höchstens nach der Blüte ein paar alte Triebe heraus.

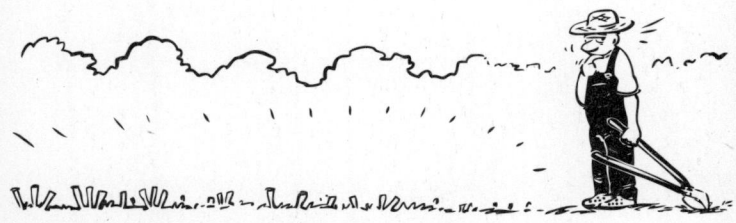

Hecken stutzt man im Frühjahr

Rein gärtnerisch betrachtet, ist das Frühjahr, am besten noch vor dem Austrieb, tatsächlich die optimale Zeit für den Heckenschnitt: sowohl für einen gründlichen Formschnitt als auch für ein radikales Stutzen, wenn sich eine verkahlte Hecke komplett neu aufbauen soll. Wird ein zweiter Formschnitt nötig, erfolgt er üblicherweise im Sommer.

Für brütende Vögel und ihren Nachwuchs kann das jedoch zum tödlichen Irrtum werden. Um das zu vermeiden, sollte besonders jeder starke Rückschnitt sehr zeitig im Vorfrühling durchgeführt werden. Da der Klimawandel dazu führt, dass manche Vogelarten zunehmend früher brüten, verschiebt man einen Radikalrückschnitt im Zweifelsfall besser auf den Herbst. Achten Sie auch bei einem »normalen« Formschnitt im Frühjahr oder Sommer vorsichtig auf eventuelle Nester im Innern der Hecke.

Grundsätzlich ist beim Heckenschnitt das Bundesnaturschutzgesetz zu beachten, das in manchen Bundesländern auch für Privatgärten recht streng ausgelegt wird. Danach ist ein radikaler Heckenrückschnitt zwischen dem 1. März und 30. September nicht zulässig. »Leichte« Form- und Pflegeschnitte fallen allerdings in der Regel nicht unter das Verbot.

Heidekräuter und Rhododendron gedeihen nur in saurem Boden

Einige der beliebtesten Zier- und Zwergsträucher gehören zur Familie der Heidekrautgewächse (*Ericaceae*), so etwa Rhododendren und Azaleen, Lavendelheide (*Pieris japonica*) und Heidekräuter wie die Besenheide (*Calluna vulgaris*). Die meisten von ihnen entstammen heide- oder moorartigen Standorten mit sauren, kalkfreien Böden. Entsprechend arbeiten Gärtner oft reichlich Rhododendrenerde oder gar Torf in ihre Böden ein, um sich die Schönheiten in ihren Garten zu holen.

Das ist aber nicht immer nötig. Von den Rhododendren werden zunehmend sogenannte INKARHO-Sorten angeboten. Diese sind auf kalktolerante Unterlagen veredelt und nehmen mit jedem normalen Gartenboden vorlieb, sofern er nicht extrem kalkhaltig bzw. alkalisch ist. Und selbst die »normalen« Rhododendren gedeihen in den üblichen, meist schwach sauren Böden oft noch passabel, wenn diese gut gelockert, durchlässig und humos sind. Kümmerlicher Wuchs und gelbe Blätter resultieren oft aus zu schweren, verdichteten Böden und sind nicht immer nur die Folge zu hoher Kalkgehalte.

Unter den Heidekräutern ist ausgerechnet die als immergrüner Winterblüher hoch geschätzte Schneeheide (*Erica carnea*) eine erfreuliche Ausnahme von der »sauren Regel«: Wild wächst sie hauptsächlich im Gebirge, nicht selten auf Kalkgestein. So gedeiht sie auch im Garten problemlos in kalkhaltigen Böden, obwohl ihr schwach saure Standorte noch etwas lieber sind.

68 Alle Stechpalmen tragen schönen Beerenschmuck

Die Stechpalme (*Ilex*) zählt zu den populärsten Gehölzen. Das verdankt sie nicht nur ihren zwar stacheligen, aber dekorativen, glänzenden Blättern: Hohen Zierwert haben auch die leuchtend roten Beeren, bei denen es sich, botanisch genau betrachtet, um kleine Steinfrüchte handelt. Da sie häufig bis in den Winter hinein am Strauch bleiben, bieten sie im Verein mit den immergrünen Blättern ein echtes »Highlight« in der trüben Jahreszeit.

Die Hoffnung auf den attraktiven Fruchtschmuck kann allerdings enttäuscht werden, wenn man beim Kauf nicht genau auf die jeweilige Sorte achtet. Denn die Stechpalme ist ein zweihäusiges Gehölz: Das heißt, die einzelnen Sträucher tragen entweder nur weibliche oder nur männliche Blüten. Und nur weibliche Exemplare können mit zierenden Früchten aufwarten.

Deshalb muss man beim Kauf auf ausgewiesene Fruchtsorten achten, die stets weiblich sind, beispielsweise *Ilex aquifolium* ‘Alaska’ oder *Ilex meservae* ‘Blue Angel’. Doch selbst dann können die zierenden Früchte ausbleiben, weil für die Bestäubung ein männliches Exemplar nötig ist. Die Pollen werden zwar vom Wind bis zu 50 km weit verbreitet, aber sicherer erscheint der Fruchtschmuck, wenn man noch eine männliche Stechpalme als Pollenspender dazusetzt oder Ausschau hält nach einer der wenigen selbstfruchtbaren Sorten wie ‘J. C. van Tol’.

Zunehmend werden aber auch männliche Sorten als eigenständige Zierden, vor allem für Hecken, angeboten, z. B. der blaugrün belaubte, kaum bestachelte ‘Blue Prince’, der zugleich ein guter Bestäuber für weibliche Sorten ist.

Mit männlichen Stechpalmen lässt sich zudem einer großen Gefahr für kleine Kinder vorbeugen: Die verlockenden Früchte der weiblichen Sorten sind hochgiftig!

Immer häufiger findet man im Handel auch Sorten von Ilex crenata, meist als niedrig wachsende Sträucher. Diese bilden, sofern sie weiblich sind, glänzend schwarze, nicht ganz so auffällige und ebenfalls giftige Früchte.

Zitrusbäumchen benötigen kalkarmes Wasser

Unter den wärmebedürftigen Gehölzen, die sich in unseren Breiten nur als Kübelpflanzen kultivieren lassen, gehören Zitronen-, Orangen- und Mandarinenbäumchen seit jeher zu den Favoriten. Aber selbst die hübschen, duftenden Blüten und Früchte können nicht darüber hinwegtrösten, dass die Zitruspflanzen sehr häufig unansehnlich gelbe Blätter bekommen und teils auch kümmerlich wachsen. Die Diagnose erschien jahrzehntelang klar: Die Pflanzen leiden unter Eisenmangel, weil ein zu hoher Kalkgehalt in der Erde die Aufnahme dieses Nährstoffs verhindert. Also lautete die Devise: nur mit weichem, kalkarmem Wasser gießen, nur kalkfreien Dünger geben und am besten auch in kalkfreie Rhododendrenerde pflanzen.

Trotzdem wurden die Blätter oft gelb. Den Ursachen kam erst eine Untersuchung an der Forschungsanstalt Geisenheim auf die Spur. Demnach litten die gelbblättrigen Zitruspflanzen ausgerechnet an Calzium-Mangel, also an zu geringen Kalkgaben, außerdem oft an Magnesiummangel. Zudem war die gesamte Nährstoffversorgung, insbesondere mit Stickstoff, über die Sommermonate zu niedrig. Überversorgt waren die Topferden dagegen mit Phosphat, das vermutlich die Aufnahme von Eisen und wichtigen Spurennährstoffen verhinderte.

Für die Praxis heißt das: die Pflanzen in normale, gute, etwas aufgekalkte Kübelpflanzenerde topfen, mit temperiertem, gern auch hartem Leitungswasser gießen und Dünger verwenden, die vergleichsweise viel Stickstoff, Magnesium, Eisen und Calzium enthalten, aber wenig Phosphat. Mittlerweile haben die meisten Anbieter spezieller Zitruspflanzendünger ihre Rezepturen an diese Erkenntnisse angepasst. Mit den üblichen Flüssigdüngern ist allerdings die Calziumversorgung oft nicht ausreichend, sodass es nichts schaden kann, gelegentlich etwas Algen- oder kohlensauren Kalk in die Topferde einzuarbeiten.

Gewirre im Gemüsegarten

Mangold, Möhren, Radieschen & Co. sind Gemüsesorten

Im allgemeinen Sprachgebrauch ist immer wieder von »Gemüsesorten« die Rede, wenn es beispielsweise um Kopfsalat, Mangold, Möhren und Radieschen geht. Ebenso werden Apfel, Pflaume, Brombeere usw. als »Obstsorten« bezeichnet.

Botanisch und gärtnerisch korrekt sind das aber alles keine Sorten, sondern Arten; ganz streng gesehen, teils auch Unterarten oder Varietäten. Das hat dann jeweils auch seine Entsprechung in den wissenschaftlichen, international einheitlichen Artnamen. So heißt z. B. die Möhre »auf botanisch« *Daucus carota*, die Buschbohne *Phaseolus vulgaris var. nanus*, und *Cucurbita pepo* sowie *Cucurbita maxima* sind zwei verschiedene Arten des Kürbis. Bei Sorten dagegen handelt es sich um verschiedene Züchtungen ein und derselben Art, die von den Züchtern ersonnene »Fantasienamen« tragen, beispielsweise die Möhrensorte 'Pariser Markt' oder die Buschbohnensorte 'Purple King'.

Das ist gerade beim Gemüseanbau mehr als eine fachliche Schlaubergerei und für jeden Gartenfreund gut zu wissen. Denn Gemüsesorten unterscheiden sich oft nicht nur deutlich in Größe, Form, Farbe und Geschmack des Ernteguts, sondern teils auch in Bezug auf Saatzeit und Erntetermin, in der Wuchshöhe und der Widerstandskraft gegen Krankheiten, Schädlinge sowie Kälte. So sollte man z. B. bei Radieschen und Spinat genau darauf achten, ob man jeweils eine geeignete Sorte für den Früh-, Sommer- oder Spätanbau aussät; beim Spinat beispielsweise können Sie zudem gezielt mehltauresistente Sorten wie 'Lazio' oder 'Monnopa' wählen.

71 Gemüse vorziehen: so warm wie möglich

Vor allem die Liebe zu Tomaten regt viele Gärtner dazu an, sich für die Anzucht optimal auszustatten. Mit sogenannten Mini-Gewächshäusern, die auf jede breitere Fensterbank passen und teils sogar mit integrierter Bodenheizung angeboten werden, ist es kein Problem, Tomaten- und Paprikasamen bei idealen 18–24 °C zum Keimen zu bringen. Selbst Auberginen und Melonen, die es gern noch ein bisschen wärmer mögen, keimen mit solchen Hilfsmitteln prächtig.

Bei manchen ganz »alltäglichen« Gemüsen dagegen, wie etwa Kopfkohl, Kohlrabi, Kopf- und Eissalat, bereitet das Vorziehen immer wieder Kopfzerbrechen: Selbst an den besten Fensterplätzen über aufgedrehten Heizkörpern regt sich manchmal gar nichts. Tatsächlich stehen solche Anzuchten oft zu warm. Teils hemmen schon Temperaturen über 20 °C deutlich den Keimerfolg, besonders beim Kopfsalat und seinen Verwandten wie Eis-, Batavia- und

Romana-Salat: Hier sind 10–16 °C optimal. Auch Erbsen keimen besonders gut bei 8–15 °C; Stangen- und Buschbohnen dagegen sind typische Warmkeimer, die aber auch schon ab 16 °C zufriedenstellend aufgehen.

Sofern auf der Samentüte nichts dazu steht, fährt man mit Keimtemperaturen zwischen 15 und 20 °C meist am besten, auch bei Zucchini und Kürbissen. Besonders wärmebedürftige Ausnahmen sind hauptsächlich die bereits genannten Fruchtgemüse sowie Gurken, die im Spätsommer gesäten Herbstsalate wie Endivie und Chinakohl und »Exoten« wie die Artischocke.

Gemüse kann man ruhig etwas enger setzen

Üblicherweise empfohlene Reihen- und Pflanzenabstände von 60 cm und mehr, etwa für Tomaten, Kohlgemüse und Stangenbohnen, verderben manchem die Vorfreude bei der Beetplanung und -bepflanzung. In den oft kleinen Gemüsegärten lassen sich so nur höchst bescheidene Stückzahlen setzen. Da gerät man bei manchen Arten ins Grübeln, ob sich der Anbau überhaupt lohnt, oder in die Versuchung, die Setzlinge einfach enger zu pflanzen.

Doch die bewährten Abstandsempfehlungen der Pflanzenanbieter und Gartenbücher sind keine willkürlichen Angaben. Stehen die Pflanzen deutlich enger, konkurrieren sie um Nährstoffe, Wasser und den Platz für ihre Wurzeln und bedrängen sich mit der Zeit auch über der Erde. Statt des erhofften Mehrertrags fällt die Ernte schließlich sehr mau aus, weil die Einzelpflanzen kaum Brauchbares hervorbringen können. Zudem erhöht der dichte Stand die Gefahr, dass sich Pilzkrankheiten und Schädlinge ausbreiten.

Aus denselben Gründen ist es ratsam, direkt ins Beet gesäte Gemüse nach dem Aufgehen auszudünnen, soweit nötig – selbst wenn es schwerfällt, etliche der Sämlinge herauszuziehen und auf den Kompost zu werfen. Doch wenn dann die verbleibenden Radieschen oder Möhren zu ansehnlichen Knollen oder Rüben heranwachsen, hat sich das rentiert. Andernfalls gibt es nur dünne, klägliche »Gebilde« zu ernten.

Mit Radieschen, Pflücksalat und anderen Gemüsen mit geringem Nährstoffbedarf können Sie übrigens auch den Platz zwischen raumgreifenden Pflanzen wie Tomaten gut nutzen: Die konkurrieren kaum mit der jeweiligen Hauptkultur. Nicht zuletzt bieten sich mit kompakten Formen wie Buschtomaten, Buschbohnen und »Minisorten«, etwa von Kohlarten, platzsparende Alternativen an.

73 Salat und Spinat schießen im Sommer

Sicherlich kann es vorkommen, dass Kopfsalat, Feldsalat und Spinat im Sommer »schießen«. Ihre Wildformen sind sogenannte Langtagpflanzen. Solange die Tage im Frühjahr und Herbst relativ kurz sind, wachsen nur die Blätter. Bei zunehmender Tageslänge, etwa ab 14 Stunden mit ununterbrochenem Licht, erfolgt eine Umstimmung: Die Pflanzen werden zum Blühen angeregt. Dann schießen über dem Laub Stängel nach oben, an denen sich die Blüten entfalten. Alle Kraft geht in die Blüte und Samenbildung, die Blätter werden bitter oder zumindest fad und sind kein Genuss mehr.

Das können Sie aber leicht vermeiden, indem Sie für die Aussaat und Pflanzung zwischen spätem Frühjahr (ab April/Mai) und Sommer schossfeste, tagneutrale Sorten wählen. Die gibt es heute von Spinat ebenso wie von Feldsalat, und beim Kopfsalat eignen sich mittlerweile viele Sorten für den Sommeranbau ebenso wie für den Früh- und Spätanbau. Zum Schießen kommt es hier höchstens einmal, wenn es längere Zeit sehr heiß ist und nicht ausreichend gegossen wird. Etwas häufiger passiert das bei den Pflück- und Schnittsalaten. Da sie schon nach wenigen Wochen geerntet werden, müssen sie nicht ganz so schossfest sein, werden dann aber bei starker Hitze und Trockenheit etwas »schießanfälliger«.

Hitze und Trockenheit können ebenso bei Radieschen und Rettichen zum Schießen führen. Auch hier lässt sich durch die Wahl geeigneter Sorten für die warme Jahreszeit vorbeugen, wobei natürlich die Wasserversorgung nicht zu kurz kommen darf. Selbst von der Endivie, die man normalerweise erst ab Mitte Juni sät, werden heute schossfeste Sorten für eine Aussaat ab April angeboten. Bei der Roten Bete und dem Knollensellerie dagegen lässt sich die Anbauzeit nicht verfrühen: Wenn man diese zu zeitig sät oder pflanzt, werden sie durch die kühlen Temperaturen im Jugendstadium zum vorzeitigen Blühen angeregt.

Viele Tomatenfans freuen sich, wenn sie irgendwo hören oder lesen, was früher oft gerühmt wurde: dass sich ihr Lieblingsgemüse problemlos über Jahre am selben Platz anbauen lässt. Richtig ist zumindest, dass Tomaten, anders als etwa Erbsen, Gurken und Sellerie, keine ausgesprochen selbstunverträglichen Pflanzen sind. Richtig ist auch, dass es bei Tomaten (noch) keinen dermaßen verbreiteten, gefährlichen und langlebigen Bodenschadpilz gibt wie etwa die Kohlhernie beim Kohlgemüse.

Trotzdem empfehlen mittlerweile alle Fachleute, den Standort für Tomaten jährlich zu wechseln und drei bis vier Jahre lang am selben Platz weder Tomaten noch die verwandten Nachtschattengewächse Paprika, Aubergine und Kartoffel anzubauen. Ein wichtiger Grund dafür ist die Pilzkrankheit Kraut- und Braunfäule (*Phytophthora infestans*), die mittlerweile im Sommer fast regelmäßig an Freilandtomaten auftritt, besonders bei feuchtwarmem Wetter. Hier spielen Infektionen durch Windverbreitung zwar die größte Rolle, doch es hat sich gezeigt, dass der Erreger auch im Boden überdauern und im nächsten Jahr die Tomaten erneut befallen kann.

Die Kraut- und Braunfäule ist zudem längst nicht die einzige Krankheit, die sich am Pflanzplatz etablieren kann: Dazu kommen bodenbürtige Pilzkrankheiten wie Fusarium, Verticillium und Korkwurzelkrankheit sowie Bakterienwelken, die besonders oft in Gewächshäusern auftreten, außerdem Wurzelnematoden (Älchen). Tendenziell scheinen solche Plagen zuzunehmen, nicht zuletzt auch wegen des häufigen Tomatenanbaus. Deshalb ist der jährliche Platzwechsel mitsamt den genannten Anbaupausen sehr ratsam.

Späte Möhren eignen sich für die Spätsaat

Von vielen Gemüsen gibt es Sorten für verschiedene Anbau- und Erntezeiten. Frühe Rettiche z. B. werden ab Februar gesät und ab April geerntet, späte werden ab Juni gesät und ab August geerntet. Ähnliches erscheint naheliegend, wenn von frühen und späten Möhren gesprochen wird. Da sich der Aussaatzeitraum für Möhren zwischen Februar und Juni/Juli erstreckt, sollten sich die späten Sorten doch eigentlich noch im Sommer aussäen lassen?

Das ist nicht zu empfehlen, denn Möhren weichen von der sonst üblichen Logik ab. »Spät« bedeutet hier lediglich, dass solche Sorten wie beispielsweise 'Cubic' und 'Rote Riesen 2' als letzte erntereif werden, in der Regel erst im Oktober. Denn sie benötigen von der Saat bis zur Ernte 20 bis 26 Wochen, frühe Sorten dagegen nur etwa 12 Wochen, mittelfrühe und mittelspäte 15 bis 20 Wochen. Dafür eignen sich späte Sorten meist gut für eine längere Lagerung, etwa in einem kühlen, luftfeuchten Keller.

Wegen ihrer langen Kulturdauer können späte Möhren nur zwischen März und Mai gesät werden, frühere dagegen teils noch bis in den Juli hinein. Eine »echte« Spätsaat ist dagegen ausgerechnet mit Frühsorten möglich, allerdings nur in wintermilden Regionen: Wenn Sie hier im November oder Dezember säen und die Saat über Winter leicht abdecken, können Sie mit etwas Glück bereits im Frühjahr knackige Rüben ernten.

Schmackhaft sowohl in deftigen Herbst- und Winter-
gerichten als auch in leichten mediterranen Sommer-
speisen und zudem von hohem Gesundheitswert: Mit
diesen Vorzügen wurde der Brokkoli in den letzten Jahrzehnten zu einem der beliebtesten Kohlgemüse. Doch
manche Gärtner scheuen immer noch den Anbau dieser
Kohlart, von der die Köpfchen mit geschlossenen
Blütenknospen genutzt werden. Denn auf den ersten
Blick erinnert Brokkoli an den Blumenkohl, der als heikle
Gemüseart bekannt ist. Und dass er hauptsächlich in
Italien angebaut wird, scheint auf einen hohen Wärme-
bedarf hinzudeuten

Tatsächlich aber gelingt der Anbau von Brokkoli oft
besser als der von Blumenkohl, mit dem er übrigens nicht
näher verwandt ist als z. B. mit dem Weißkohl. Er kommt
mit unserem Klima gut zurecht, frühe Sorten können
bereits ab Ende März ausgepflanzt werden. Es gibt sogar
recht frostfeste Sorten für den Spätanbau, die sich ähnlich
wie Rosenkohl über Winter bis ins Frühjahr hinein ernten
lassen. Problematisch kann eher die Hitze im Sommer
werden: Dann droht ein rasches Aufblühen der Köpfchen,
sodass man rechtzeitig ernten muss.

Sicher gehört Brokkoli nicht gerade zu den genügsamen
Gemüsen, aber das gilt auch für die meisten anderen
Kohlarten. Er braucht einen nährstoffreichen, kalkhaltigen, humosen, gut gelockerten Boden sowie ausreichend
Dünger und muss bei trockenem Wetter regelmäßig
gegossen werden. Wie alle Kohlgemüse sowie Rettiche
sollte Brokkoli nur alle vier bis fünf Jahre an derselben
Stelle angebaut werden, um der Pilzkrankheit Kohlhernie
vorzubeugen.

Gemüse ist stets ungiftig

Gemüse gilt geradezu als Inbegriff gesunder Kost. Unter Giftverdacht stehen höchstens Gemüse, die mit Pflanzenschutzmitteln behandelt wurden oder durch falsche Düngung hohe Nitratgehalte aufweisen (siehe Seite 39). Ansonsten vermutet man in ihnen nur bekömmliche, gesundheitsfördernde Substanzen wie Eiweiße, Ballaststoffe, Mineralstoffe, Vitamine und Folsäure.

Das kann zum verheerenden Irrtum werden, wenn man Bohnen als Rohkost genießen will. Alle Bohnen enthalten den Giftstoff Phasin, der die Darmfunktion stark beeinträchtigt, daneben Substanzen, die die Eiweißverdauung hemmen. Der Rohgenuss kann deshalb zu schweren Magen- und Darmstörungen, Bauchkrämpfen und Brechdurchfall führen. Erst durch Kochen (mindestens 15 Minuten lang) werden diese Inhaltsstoffe zuverlässig »entschärft«.

Übelkeit, Erbrechen, Krämpfe: Das kann auch das Solanin, ein Alkaloid in allen grünen Teilen von Kartoffeln und Tomaten, hervorrufen. Deshalb sollte man Kartoffeln beim Anbau gründlich anhäufeln, um dem Vergrünen der oberen Knollenteile vorzubeugen. Schneiden Sie ansonsten grüne Knollenpartien sowie bereits ausgetriebene Keime an gelagerten Kartoffeln großzügig aus, und werfen Sie stark ergrünte Knollen besser auf den Kompost. Kochen hilft hier, anders als bei den Bohnen, nicht. Auch grüne, unreife Tomaten enthalten diesen Giftstoff. Dennoch werden sie in manchen Ländern als Delikatessen geschätzt. Tatsächlich können milchsaures Einlegen sowie Zucker in Tomatenkonfitüre die Solaninwirkung auf ein verträgliches Maß reduzieren. Trotzdem sollte man auch solche Zubereitungen höchstens in kleinen Mengen genießen. Besser ist es, grün geerntete Tomaten drinnen an einem warmen Platz nachreifen zu lassen.

Etwas Vorsicht ist zudem bei Pflanzen geboten, die Oxalsäure enthalten, vor allem Rhabarber, teils auch Mangold, Spinat, Rote Rüben und Sauerampfer. Oxalsäure in größeren Mengen stört die Calziumaufnahme und kann Nierenprobleme, wie etwa Nierensteine, verstärken. Wer davon geplagt ist, sollte die genannten Gemüse nur sehr zurückhaltend essen. Weiterhin ist es ratsam, den letzten Rhabarber zum traditionellen Termin am Johannistag (24. Juni) zu ernten, weil danach der Oxalsäuregehalt auf ein ungesundes Maß ansteigt. Bewährt hat sich außerdem der Rhabarbergenuss zusammen mit Milch und Milchprodukten, weil diese die Oxalsäure neutralisieren.

Kurioses im Kräuterbeet

Kräuter pflanzt man am besten zusammen

Würz- und Teekräuter erntet man häufig und fortlaufend für die Küche, deshalb hat man sie gern nah am Haus. Von den meisten bedarf es nur weniger Exemplare – also wird gern alles in einem kleinen Kräuterbeet zusammengepflanzt, am liebsten an der Terrasse.

Bunt gemischte Kräuterbeete werden aber oft zur Enttäuschung: Häufig wachsen darin einige Arten sehr kümmerlich und entfalten auch kein richtiges Aroma. Das liegt vor allem an den unterschiedlichen Ansprüchen an den Boden, an die Wasser- und Nährstoffversorgung, teils auch an den Sonnengenuss. Petersilie, Schnittlauch und Kerbel z. B. bevorzugen humose, nährstoffreiche, frische Böden und werden am besten leicht feucht gehalten. Gerade über die Mittagszeit stehen sie lieber etwas beschattet statt in der prallen Sonne. Die typischen mediterranen Kräuter wie Oregano, Thymian, Ysop und Bohnenkraut dagegen brauchen möglichst volle Sonne und eher nährstoffarme, trockene, meist kalkhaltige und besonders gut durchlässige Böden. Gießt man sie ebenso häufig, wie es z. B. bei der Petersilie ratsam ist, werden sie anfällig für Blatt- und Welkekrankheiten. Salbei hat ähnliche Bedürfnisse, mag es aber humoser und nährstoffreicher; ebenso Basilikum und Estragon, die aber zudem leicht feucht gehalten werden sollten. Schließlich gibt es auch noch Spezialisten wie den Bärlauch, der vorzugsweise im lichten Schatten laubabwerfender Gehölze gedeiht.

So ist es sinnvoller, die Kräuter etwas zu verteilen und mit anderen Pflanzen mit ähnlichen Ansprüchen zusammenzusetzen; Petersilie und Schnittlauch z. B. im

Gemüsebeet, die mediterranen Kräuter im Steingarten oder an einem Trockenmäuerchen. Sollen alle Kräuter am selben Fleck wachsen, hat sich eine Kräuterspirale aus aufgehäuften Steinen bewährt, die im unteren Bereich eher feuchte, beschattete Plätze bietet und ganz oben trockene, warme Standorte.

Nicht zuletzt gilt es zu berücksichtigen, dass sich vor allem Pfefferminze und Estragon stark durch Ausläufer ausbreiten. Um sie mit anderen Kräutern zu kombinieren, werden sie am besten mit einer Wurzelsperre gepflanzt, z. B. in einem Baueimer mit herausgetrenntem Boden.

79 Rucola braucht volle Sonne

Früher nur wenigen als Salatrauke bekannt, wurde *Eruca sativa* unter ihrem italienischen Namen Rucola zu einem wahren Trend-Kraut, in der Küche ebenso wie im Garten und Balkonkasten. Die schnellwüchsigen Blättchen mit dem kresseähnlichen, leicht nussigen Geschmack munden in Salaten ebenso wie mit Pasta oder als Pizzaauflage und lassen sich auch zu einem leckeren Pesto verarbeiten. Was so angenehm »nach Mittelmeerurlaub« schmeckt, braucht sicher volle Sonne, denken sich viele Gärtner.

Das ist grundsätzlich nicht verkehrt, hängt aber von der Jahreszeit ab. Bei einer Frühsaat ab Ende März sowie einer Spätsaat gegen Ende August empfiehlt sich ein möglichst sonniger Platz. Im Sommer jedoch ist ein Fleckchen im Halbschatten günstiger. Dann nämlich wächst der Rucola so schnell, dass er schon nach rund 3 Wochen geerntet werden sollte, zuweilen schon etwas früher. Denn bei Hitze und Trockenheit werden die Blätter rasch so scharf und bitter, dass sie keine Gaumenfreude mehr sind. Nicht

selten schießen die Pflanzen im Hochsommer auch,
bilden also Stängel mit Blüten
und schmecken erst recht
nicht mehr. Um dem
vorzubeugen, ist neben
leichter Beschattung
regelmäßiges Gießen
besonders wichtig.

Ab der Blüte verlieren alle Blätter ihr Aroma

80

Als optimaler Erntezeitpunkt für die Blätter und Triebe
von Kräutern hat sich »kurz vor der Blüte« herumgesprochen. Das trifft sicher für etliche Arten zu, besonders
für manche kurzlebige wie Kerbel und Gartenkresse. Bei
denen lohnt sich eine Ernte nach Blühbeginn nicht
mehr, weil die Blätter stark an Aroma verlieren oder
bitter werden; ebenso bei überwinterter Petersilie, wenn
im Frühjahr die gelben Blütendolden erscheinen. Kurz
vor der Blüte – meist im Juni oder Juli – ist außerdem oft
der beste Erntetermin, wenn man Kräuter durch Ein-
frieren, Trocknen oder Einlegen konservieren möchte; so
etwa bei Basilikum, Majoran, Bohnenkraut, Salbei,
Pfefferminze und Zitronenmelisse.

All diese Kräuter bleiben aber auch nach der Blüte recht
würzig, zumindest die jungen Blätter und Triebspitzen;

erst recht, wenn sie nach einem Ernterückschnitt neu austreiben. Die Aroma- und Wirkstoffgehalte sind dann zwar nicht mehr ganz so hoch, aber als frische Würze oder Teekräuter bleiben sie oft bis zum Herbst brauchbar.

Ebenso verhält es sich mit den mehrjährigen mediterranen Kräutern. Oregano wird sogar zum Konservieren am besten erst zu Blühbeginn geschnitten, ebenso Thymian und Ysop, die selbst in der Vollblüte ihre ganze Würzkraft behalten. Auch Rosmarin lässt sich gut während der Blüte ernten, vom Lavendel schneidet man zum Konservieren ohnehin die Blütentriebe.

Bei Dill, Gewürzfenchel, Liebstöckel, Borretsch, Löffelkraut, Schnittlauch und Schnittknoblauch schließlich ändern die Blüten recht wenig am Aroma und können teils sogar ebenso wie die Blätter als Würze dienen. Die besten Estragonsorten (Französischer und Deutscher Estragon) bilden gar keine Blüten; zum Konservieren schneidet man sie vorzugsweise Anfang Juli, nachdem sie genug Sonne »getankt« haben.

Schnittlauchblüten muss man auskneifen

Garten-Neueinsteiger werden oft überrascht, wenn sie zum ersten Mal ihren Schnittlauch blühen sehen: Die hellvioletten Blütendolden, die sich ab Frühsommer an kräftigen Schäften zwischen den dünnen Röhrenblättern erheben, sind sehr ansprechend. Manche Schnittlauchsorten mit züchterisch noch etwas »verschönerten« Blütenbällchen werden sogar als Zierpflanzen kultiviert. Da kostet es einen schon etwas Überwindung, die Blüten auszubrechen, wie es des Öfteren empfohlen wird; denn angeblich beeinträchtigen sie die würzenden Blätter.

Die Beeinträchtigung hält sich allerdings sehr in Grenzen. Auf den Geschmack der Blätter wirken sich die Blüten nur wenig aus. Sie verhindern auch nicht den Neuaustrieb frischer, aromatischer Blätter, wenn der Schnittlauch regelmäßig (aber nicht allzu stark) geerntet wird. Etwas störend sind lediglich die harten, kaum genießbaren Blütenstiele, die man nach dem Schneiden eines ganzen Büschels auslesen muss. Ansonsten schadet es kaum, wenn Sie einen Teil der hübschen Blüten stehen lassen – ja, Sie können sie sogar als appetitliche Garnierung in Salaten und Quark verwenden, da sie essbar und recht schmackhaft sind.

Schon seit Urzeiten nutzen Menschen die Heilkräfte von Kräutern. Dass viele Kräuter Krankheiten und Beschwerden lindern können, bestätigt auch die moderne Wissenschaft. Selbst Würzkräuter, die hauptsächlich dem Verfeinern von Speisen dienen, fördern nachweislich das Wohlbefinden, indem sie z. B. die Verdauung anregen. Diese segensreichen Wirkungen beruhen überwiegend auf sekundären Pflanzenstoffen, beispielsweise ätherischen Ölen, Bitterstoffen, Senfölen und Flavonoiden.

Solche Substanzen bilden die Pflanzen allerdings nicht, um dem Menschen als Naturapotheke zu dienen. Teils locken sie damit Tiere zum Bestäuben an, noch häufiger aber sollen sekundäre Pflanzenstoffe Schaderreger abwehren. Das zeigt sich besonders deutlich an hochgiftigen Stoffen wie manchen Alkaloiden und Glykosiden. Aber auch für alles andere gilt, was schon der alte Paracelsus treffend formulierte: »Allein die Dosis macht, dass ein Ding kein Gift ist«.

Nun hat man noch nie von Kamillenteevergiftungen gehört. Doch selbst dieses milde Heilkraut kann bei dafür empfindlichen Menschen allergische Reaktionen hervorrufen. Viel häufiger ist allerdings eine Unverträglichkeit des Menthols in der Pfefferminze (*Mentha* x *piperita*): Das schlägt manchen bei Dauergebrauch auf den Magen. In dem Fall bietet sich das Ausweichen auf mentholarme Arten wie die Krause Minze (*Mentha spicata* var. *crispa*) an. Auch Gerb-, Bitter- und Scharfstoffe, z. B. in Oregano oder Gewürzpaprika, können in hohen Mengen Magen, Darm und Leber strapazieren.

Ätherische Öle, wie das genannte Menthol, gibt es in gewaltiger Vielfalt. Sie kommen in fast allen Würz- und

Teekräutern vor und verursachen je nach Substanz und Empfindlichkeit zuweilen Haut-, Schleimhautreizungen, Kopfschmerzen, Magenprobleme oder Allergien. Kritisch kann besonders Thujon werden, ein Bestandteil der ätherischen Öle z. B. von Wermut, aus dem auch der Absinth hergestellt wird: In hoher Dosis ist Thujon ein Nervengift und führt schlimmstenfalls zu Brechdurchfall, Krämpfen und Benommenheit. Es kommt u. a. auch in Salbei, Thymian und Rosmarin vor. Bei normalem Gebrauch drohen jedoch keine Gesundheitsgefahren.

Allerdings wird empfohlen, während der Schwangerschaft und Stillzeit auf thujonhaltige Kräuter ganz zu verzichten, ebenso auf manch andere mit hohen Wirkstoffgehalten. Generell sollte jedes Heil- oder Würzkraut nicht ständig und in hohen Mengen über einen langen Zeitraum verwendet werden.

Obskures im Obstgarten

83 Ein Obstbaum genügt

Viele Gartenbesitzer hätten gern einen eigenen Apfel- oder Birnbaum. Nicht nur wegen der Früchte, sondern auch, weil solch ein Baum dem Garten gewissermaßen Charakter verleiht. Deshalb soll es nicht nur ein Zwerg- oder Säulenbäumchen sein, sondern ein »anständiger« Baum, der etwas hermacht und mit den Jahren üppig trägt. Halb- oder gar Hochstämme sind jedoch für die meisten Gärten zu groß. So bieten sich vor allem die kompakteren Buschbäume an, die im Alter allerdings auch gut 10 m² Fläche beanspruchen. Aber ein Baum reicht ja ...

Das kann sich als Irrtum entpuppen – spätestens nach den ersten Standjahren, wenn der Baum trotz reicher Blüte immer noch keine Früchte hervorbringt. Die Ursache: Fast alle Apfel- und Birnensorten, viele Süßkirschen- und einige Pflaumensorten können sich nicht selbst befruchten. Ihre weiblichen Blütenanlagen müssen mit den Pollen einer anderen, zur selben Zeit blühenden Sorte bestäubt werden, damit sich Früchte bilden.

Wenn im Umfeld von etwa 1 km mehrere andere Bäume derselben Obstart stehen, in Nachbargärten, Wiesen oder Obstanlagen, ist das in der Regel kein Problem. Teils tragen die Bienen auch noch über weitere Distanzen geeignete Pollen heran.

Andernfalls aber müssen Sie noch einen zweiten Baum einer anderen Sorte als Pollenspender pflanzen – und der sollte umgekehrt auch von der bereits auserwählten Erstsorte gut befruchtet werden. Lassen Sie sich dazu am besten in einer Baumschule beraten. Eine platzsparende

Alternative ist ein »Duobaum«, bei dem zwei verschiedene Sorten auf demselben Stamm veredelt sind. Oder man nimmt dann doch mit schmalen Säulenbäumen vorlieb, von denen sich leicht mehrere unterbringen lassen; bei denen gibt es auch einige Apfel- und Kirschsorten, die als selbstfruchtbar gelten.

Obstbäume müssen im Winter geschnitten werden

84

Lange galt es als ehernes Gesetz: Obstbäume schneidet man in der Ruhezeit nach dem Laubfall, also im Spätherbst und Winter. Schließlich ist es ja auch von Vorteil, wenn die Kronen unbelaubt sind, dann erkennt man die Ast- und Zweigstruktur am besten. Außerdem schneiden Profis ja ebenfalls im Winter.

Im Erwerbsanbau allerdings hat der traditionelle Winterschnitt vor allem arbeitstechnische Gründe: Zu der Zeit gibt es sonst wenig zu tun. Doch ansonsten ist der Winter nicht unbedingt der beste Zeitpunkt, denn mitten im Ruhestadium verheilen die Schnitt- und Sägewunden sehr langsam. Bei Frost sollte man sowieso nicht schneiden, um unnötigen Verletzungen vorzubeugen. Außerdem können nach einem Schnitt mitten im Winter später noch junge Triebe erfrieren, sodass man die bereits formierte Krone nachschneiden muss.

Für das Schneiden während der Ruhezeit empfiehlt sich deshalb ein möglichst später Termin, frühestens ab Mitte Januar bis etwa Anfang April, kurz vor dem Austrieb. Dann sind die Kronen immer noch unbelaubt und übersichtlich, die Wunden verheilen aber mit dem im Vorfrühling einsetzenden Saftanstieg zunehmend schneller.

Als gute Alternative hat sich ein Sommerschnitt zwischen Mitte Juli und Mitte September bewährt. Die Wunden schließen sich dann rasch, was bei Steinobst, das zu Gummifluss an Verletzungsstellen neigt, besonders günstig ist; das betrifft z. B. Kirschen, Pfirsich und Aprikose. Gerade bei den früh tragenden Süß- und Sauerkirschen bietet es sich an, direkt nach der Ernte zu schneiden. So kann man auch von Monilia und anderen Krankheiten betroffene Zweige gleich gründlich entfernen. Aber auch Apfel und Birne lassen sich gut im Sommer schneiden. Generell kann der Sommerschnitt zudem helfen, starkwüchsige Bäume etwas zu bremsen, während ein Winterschnitt das Triebwachstum anregt.

85 Säulenbäumchen brauchen keinen Schnitt

Nach der Einführung der schmalwüchsigen »Ballerina«-Äpfel wurden die Säulenobstbäume bald außerordentlich beliebt. Bei diesen nur 2–3 m hohen Baumformen entspringen die kurzen Fruchtzweige direkt am Stamm, sodass sie keine Kronen bilden und nur rund 50 cm breit werden. So können sie in jedem kleinen Garten Platz finden und lassen sich auch gut in Kübeln kultivieren.

Mittlerweile werden nicht nur etliche Säulenapfel-Sorten angeboten, sondern auch Säulenbirnen, -kirschen, -pflaumen und -pfirsiche – dies oft mit dem Versprechen: kein Schnitt nötig.

Das stimmt so aber nur bei den meisten Säulenäpfeln. Hier ist es gelungen, Sorten zu züchten, die tatsächlich fast nur Kurztriebe bilden. Gelegentlich kann ein längerer Seitentrieb erscheinen, den man einfach direkt am Stamm wegschneidet. Ansonsten müssen Sie nur eingreifen, falls Sie bei älteren Bäumen den Höhenwuchs etwas bremsen möchten. Dann können Sie die Spitze bis zu einem schwächer wachsenden Seitentrieb zurückschneiden.

Bei Säulenformen anderer Obstarten dagegen entwickeln sich recht häufig längere Seitentriebe. Kürzen Sie diese am besten im Juni oder Juli auf 10–15 cm ein, oder entfernen Sie sie ganz, wenn sie ungünstig stehen. Bei Birne, Kirschen, Pflaume und Pfirsich treiben zudem des Öfteren steil wachsende Sprosse unterhalb der Spitze aus. Schneiden Sie solche Konkurrenztriebe komplett weg.

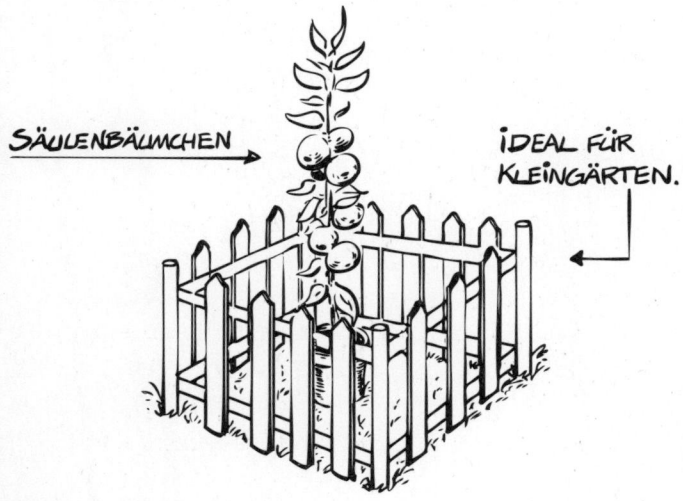

SÄULENBÄUMCHEN

IDEAL FÜR KLEINGÄRTEN.

Bei Zwetschgen- und Pflaumenbäumen hält sich hart-
näckig das Gerücht, man solle sie höchstens gelegentlich
schneiden – wenn überhaupt. Das scheint bei diesen
robusten Obstbäumen zunächst auch nicht zu schaden,
zumal sie oft noch an etwas älteren Zweigen reichlich
Blüten und Früchte anlegen.

Doch der Schnittverzicht rächt sich spätestens, wenn die
Bäume in die Jahre kommen. Dann sind die Kronen dicht
besetzt mit überaltertem Fruchtholz und steil wachsenden Seitentrieben, die überhaupt keine Früchte bringen.
Die paar Zwetschgen, die dann noch im Kroneninnern
wachsen, bleiben klein und reifen schlecht, weil es an
Licht und Luft fehlt. Zwetschgen- und Pflaumenbäume
tragen hauptsächlich an zwei- und dreijährigen Kurz-
trieben. Von daher ist es schon richtig, Zweige mit solchen
Fruchttrieben nicht voreilig herauszuschneiden. Doch

nachdem diese abgetragen und überaltert sind, schneidet man die Zweige besser auf jüngere Partien zurück oder entfernt sie direkt am Ast.

Zudem bilden Zwetschgen häufig steile Triebe an den Astoberseiten. Einige davon können Sie in einen flacheren Winkel herabbinden, um sie zur Bildung von Fruchttrieben anzuregen. Nicht benötigte Steiltriebe dagegen sollten regelmäßig entfernt oder auf flachere Verzweigungen zurückgeschnitten werden. Für sehr steilwüchsige Sorten wird zudem oft empfohlen, den Mittelast komplett zu entfernen, um den Baum mit einer luftigeren Hohlkrone zu ziehen.

Super, wenn der Apfelbaum viel Früchte trägt

Je nach gewählter Baumform kann es nach dem Pflanzen einige Jahre dauern, bis sich die ersten Früchte zeigen. Wenn sich die Apfelbäume schließlich gut entwickelt haben, zeigen sie ab Frühsommer oft einen ausgesprochen reichen Fruchtbehang, was ihre Besitzer zu großer Vorfreude beflügelt. Da träumt man schon von prallvollen Erntekörben...

Aber gegen Ende Juni fällt dann häufig ein Teil der Äpfelchen ab. Das ist kein Grund zur Sorge, denn die Bäume legen zunächst viele Früchtchen »auf Vorrat« an. Beim natürlichen Junifruchtfall stoßen sie schließlich einige ab, damit sie den Rest ausreichend versorgen können. Hängen dann immer noch recht viele Früchte an den Zweigen, empfiehlt sich sogar ein zusätzliches Ausdünnen, bis nur noch zwei bis drei Äpfel pro Fruchtstand verbleiben. So können später schön große, saftige, aromatische Früchte heranreifen. Bei Säulenbäumen ist es ratsam, insgesamt höchstens 30 Früchte stehen zu lassen. Ähnlich sollte man auch bei sehr reich tragenden Pfirsichen und Pflaumen den Fruchtbehang etwas ausdünnen.

Manche Apfel- und Birnensorten neigen zur Alternanz, das heißt, sie fruchten in einem Jahr überreich und im nächsten fast gar nicht. Hier kann das Ausdünnen in den »fetten« Jahren helfen, die starken Ernteschwankungen etwas auszugleichen.

88 Kiwis wachsen nur im Weinbauklima

Kiwipflanzen liefern nicht nur leckere, vitaminreiche Früchte, sie sind auch ansprechende Klettergehölze mit dekorativen Blättern und hübschen weißen Blüten. Doch die anfängliche Begeisterung für Kiwis aus dem eigenen Garten wurde bald gedämpft. Die aus China stammende Kiwipflanze (*Actinidia deliciosa*) mit den großen, brau-

nen, behaarten Früchten erleidet häufig starke Frostschäden. Sogar in wintermilden Weinbauregionen erfrieren gelegentlich Pflanzen. Und selbst wenn sie heil über
den Winter kommen, wird es mit der Fruchtreife schwie-
rig: Die fällt in den späten Oktober oder November,
sodass man die Früchte oft vorzeitig ernten muss, um sie
drinnen nachreifen zu lassen.

Doch dann kam die »Bayern-Kiwi«, eingeführt unter
dem Sortennamen 'Weiki': eine am Obstbau-Institut in
München-Weihenstephan ausgelesene Form der robusten, kleinfrüchtigen *Actinidia arguta*. Sie übersteht selbst
Fröste bis −30 °C. Spätfröste im März können allerdings
den jungen Austrieb schädigen, doch meist regenerieren
sich die Pflanzen recht schnell aus Reserveknospen. Die
nur etwa walnussgroßen »Minikiwis« reifen bereits ab
Anfang Oktober, können mitsamt den glatten Schalen
gegessen werden und bieten einen angenehmen
Geschmack, irgendwo zwischen Kiwi, Stachelbeere und
Feige, sowie einen hohen Vitamin- und Mineralstoff-
gehalt.

Mittlerweile gibt es einige weitere frostharte
Minikiwi-Sorten, darunter die »Sachsen-Kiwi« 'Julia'. Es
handelt sich, wie auch bei den großfrüchtigen Kiwisorten,
meist um rein weibliche Sorten, sodass man zusätzlich
eine männliche Bestäubersorte wie 'Romeo' pflanzen
muss. Als selbstfruchtbare Sorte wird 'Issai' angeboten.

Mehrmals tragende Himbeeren bringen mehr Früchte 89

Die altbekannten, einmal tragenden Sommerhimbeeren
treiben jährlich aus ihrem Wurzelstock lange Ruten. An
diesen Jungruten, die am besten an einem Drahtspalier
angeheftet werden, bilden sich erst im Jahr darauf kurze

Seitentriebe. Diese blühen ab Mai und bringen dann meist bis Juli reife Früchte hervor. Danach schneidet man die abgetragenen Ruten unten weg und freut sich auf die nächste Sommerernte von den jungen, diesjährigen Ruten. Bei den mehrmals tragenden Himbeersorten wie 'Autumn Bliss' und 'Himbo-Top' dagegen fruchten die Jungruten bereits im Jahr des Austriebs zwischen August und Oktober, deshalb auch die Bezeichnung Herbsthimbeeren. Schneidet man danach nur die oberen, abgetragenen Teile der Ruten weg, fruchten sie nochmals im Juli des Folgejahrs. Das brachte ihnen den Ruf ein, fast den doppelten Ertrag zu bescheren.

Kommt allerdings die Gesamternte auf die Waage, ergeben sich kaum Unterschiede. Die sommerliche Zweiternte der mehrmals tragenden Himbeeren ist meist bescheiden, und das Stehenlassen der alten Ruten mindert oft deutlich die nächste Herbsternte. Deshalb ist es in der Regel sinnvoller, auf den kleinen Sommerertrag zu verzichten und die abgeernteten Ruten gleich im Spätjahr oder im zeitigen Frühjahr bodennah wegzuschneiden. Das beugt außerdem manchen Pilzkrankheiten vor.

Trugschlüsse am Teich

Eine Teichanlage führt zur Mückenplage

Oft runzeln Nachbarn die Stirn, wenn man ihnen vom Vorhaben einer Teichanlage erzählt, weil sie eine Stechmücken-Dauerplage befürchten. Häufig haben Teichinteressierte auch selbst Bedenken, dass Mückenbrut im Kleingewässer den abendlichen Gartenaufenthalt vermiest. Tatsächlich legen Stechmücken ihre Eier gern im stehenden Wasser und an Gewässerrändern ab, wo sich dann auch die Larven entwickeln.

Ernsthafte Mückenplagen im Garten resultieren allerdings hauptsächlich aus Regentonnen, die nicht ausreichend abgedeckt werden. Selbst frisch angelegte Teiche haben meist ein geringeres »Mückenpotenzial«. Werden sie auch nur halbwegs sinnvoll gestaltet und bepflanzt, herrscht darin oft schon ab dem zweiten Jahr ein reges Leben – mit vielen stets hungrigen Kleintieren, die Mückenlarven zum Fressen gern haben. Schon die Libellenlarven putzen unzählige Mücken weg, dazu kommen z. B. Rückenschwimmer, Gelbrandkäfer, Wasserläufer und Wasserwanzen. Wenn sich dann noch Molche einstellen, bleibt der Teich in aller Regel mückenfrei. Auch Fische sind gute Mückenvertilger, sie werden aber in einem intakten Kleingewässer nicht unbedingt gebraucht. Ein übermäßiger und überfütterter Fischbesatz, der das Wasser über seinen Kot mit Nährstoffen anreichert, kann sogar die Mücken begünstigen.

Überdüngte und stark veraltete Teiche sollten ohnehin »saniert« werden, dann erledigt sich auch eine eventuelle Mückenplage. Hilfreich ist zudem eine sauerstofferhöhende Wasserbewegung, etwa mit Sprudelsteinen oder einem angeschlossenen kleinen Bachlauf. Sollte ein Teich tatsächlich einmal stark mit Stechmücken besetzt sein, bietet der Fachhandel biologische Bekämpfungsmittel mit dem Mückenparasit *Bacillus thuringiensis israelensis* an. Dieses empfiehlt sich auch, wenn Regentonnen zu Brutstätten werden.

91 Der Gartenteich braucht viel Sonne

Die meisten Teich- und Uferpflanzen sind keine Schattengewächse, und gerade die beliebten Seerosen mögen es recht sonnig und warm. Außerdem sollte der Teich möglichst nicht im Umfeld von laubabwerfenden Bäumen und Großsträuchern angelegt werden, weil Ansammlungen von Herbstblättern das Wasser belasten. So wird für das neue Kleingewässer oft ein völlig unbeschatteter Standort gewählt; gern auch an einer besonnten Terrasse, um dort die leicht erhöhte Luftfeuchte und natürlich auch den Anblick zu genießen.

Doch das sind keine idealen Standorte. Ein Gartenteich entwickelt sich am besten an einem Platz, der nur etwa die Hälfte des Tages direkte Sonne abbekommt. Selbst für

Seerosen reichen fünf bis sechs Stunden Besonnung. Optimal ist es, wenn die Wasserfläche während der heißesten Mittagsstunden beschattet liegt.

Knallt stattdessen von morgens bis abends die Sommersonne auf den Teich, wird das Wasser übermäßig erwärmt. Dadurch nimmt sein Sauerstoffgehalt ab, Algen breiten sich stark aus, schlimmstenfalls bildet sich am Teichgrund Faulschlamm. Diese Gefahren drohen umso stärker, je kleiner und flacher das Gewässer angelegt wurde. Sind Fische im Teich, müssen dann unbedingt Belüftungspumpen und am besten auch Teichfilter eingesetzt werden.

Findet sich kein geeigneter halbschattiger Platz, können hochwüchsige Röhrichtpflanzen und Teichrandstauden für etwas Beschattung sorgen. Auch Wasserpflanzen wie Seerose und Seekanne beugen mit ihren Schwimmblättern ein wenig der Erwärmung vor. Sie sollten jedoch nie mehr als zwei Drittel der Wasseroberfläche bedecken, damit die Unterwasserpflanzen, z. B. Hornblatt und Tausendblatt, genügend Licht erhalten. Denn diese sind gerade in einem besonnten Teich äußerst wichtig, weil sie das Wasser beständig mit Sauerstoff anreichern.

Treten Algen auf, droht der Teich umzukippen

Wird das Wasser im Gartenteich über viele Wochen von Algenmatten überzogen, ist das ein Anzeichen für ernsthafte Störungen. Diese resultieren meist aus einem zu hohen Nährstoffgehalt des Wassers, oft auch aus einem zu hohen pH-Wert bzw. Kalkgehalt. Häufig geht damit Sauerstoffmangel einher, besonders bei hohen Wassertemperaturen, der durch die Algenbeläge noch verstärkt wird. So können die Mikroorganismen im Wasser kaum noch Pflanzen- und Tierreste abbauen. Dadurch sammelt sich am Teichgrund Faulschlamm an, bis das Gewässer schlimmstenfalls »umkippt«, weil darin kaum noch etwas leben kann.

Wenn aber zeitweise viele grüne Fadenalgen und wassertrübende Schwebalgen auftreten, droht noch lange kein Umkippen. Wichtige Algenhemmer sind die Wasser- und Unterwasserpflanzen, da sie dem Wasser Nährstoffe entziehen. Im Frühjahr sowie in einem neu angelegten Teich müssen sie erst einmal richtig »in die Gänge kommen«. So bilden sich zunächst etwas mehr Algen, was sich aber in einem gut bepflanzten Teich wieder von selbst reguliert. Eine Massenvermehrung von Algen droht dann nochmals im Hochsommer, wenn sich das Wasser stark erwärmt. Das bekommt man ebenso wie andere kurzzeitige Algenplagen oft schon durch regelmäßiges Abfischen in den Griff.

Hält die Algenbildung aber länger an oder verstärkt sich sogar noch, werden Gegenmaßnahmen nötig. Nachhaltig hilft alles, was sich schon vorbeugend für die Teichanlage und -pflege empfiehlt: nur nährstoffarmen Bodengrund und spezielle Wasserpflanzenerde verwenden; hartes, kalkhaltiges Leitungswasser vor dem Einfüllen aufbereiten bzw. ansäuern; ausreichend Wasser- und Unterwasserpflanzen setzen; hohen Fischbesatz und übermäßiges Füttern vermeiden; das Einschwemmen von nährstoffreichem Gartenboden verhindern; abgestorbene Pflanzenteile und Herbstlaub im Teich regelmäßig und gründlich beseitigen; gelegentlich Schlammablagerungen am Teichgrund entfernen.

Chemische Algenbekämpfungsmittel sind nicht ratsam, weil sie das gesamte Teichleben beeinträchtigen. Teichfilter können helfen, die Wasserqualität allmählich zu ver-

bessern. Günstig ist zudem eine Erhöhung des Sauerstoffgehalts durch Belüftungs- und Umwälzpumpen. Zu hartes Wasser lässt sich z. B. durch eingehängte Torfbeutel in
Maßen ansäuern. Falls aber ein hoher pH-Wert die Haupt-
ursache für den Algenbesatz ist, empfiehlt es sich, das
Wasser nach und nach mit enthärtetem Leitungswasser
oder vorgefiltertem Regenwasser auszutauschen.

Kein Teich ohne Fische

93

Für viele Gartenbesitzer sind Fische die Krönung des
Teicherlebnisses. Es macht einfach Freude, nach diesen
Tieren immer wieder Ausschau zu halten und ihnen
zuzusehen, wie sie durchs Wasser gleiten – erst recht,
wenn sie auch noch durch schillernde Farben auffallen.

Leider sind Fische keine »einfachen« Teichbewohner.
Schon vor dem Einsetzen sollte man sich gründlich über
die jeweiligen Ansprüche informieren. Je spezieller diese
sind, desto mehr muss die Teichanlage auf sie abge-
stimmt werden. Für attraktive exotische Zierfische wie
Kois und Schleierschwänze braucht man in der Regel

geeignete Überwinterungsaquarien, sofern das Gewässer nicht sehr tief angelegt oder mit einer Teichheizung ausgestattet wird. Auch für robustere Arten ist eine Teichtiefe von mindestens 80 cm ratsam, damit sie am Bodengrund heil über den Winter kommen.

Die beliebten Goldfische sind zwar recht kälteverträglich, aber auch ausgesprochen vermehrungsfreudig. Ein zu starker Fischbesatz belastet jeden Teich, weil die Tiere mit ihren Ausscheidungen den Nährstoffgehalt erhöhen. Dann werden Algenplagen fast unvermeidlich. Verschärft wird das noch, wenn man die Fische zu stark füttert. Ungünstig ist zudem das ausgeprägte Gründeln von Goldfischen und anderen Arten, die bei der Nahrungssuche immer wieder den Boden aufwühlen. So sind bei Fischbesatz gezielte Maßnahmen und technische Hilfsmittel gegen Wassertrübung, Algenvermehrung und Sauerstoffmangel meist unvermeidlich.

Wenn Fische den Gartenteich beleben sollen, empfehlen sich in erster Linie heimische Kleinfische wie Moderlieschen, Stichling und Bitterling. Und den »Zierpart« der Goldfische kann sehr gut die verträglichere Goldorfe übernehmen.

Gefrorene Wasserflächen muss man aufhacken

Friert im Winter die Teichoberfläche zu, wird das Leben im Wasser von der Sauerstoffzufuhr abgeschnitten. Zugleich können Kohlendioxid und Zersetzungsgase nicht mehr entweichen. Das ist für alle Lebewesen im Teich bedrohlich, besonders für Fische, Molche und andere Wassertiere. Deshalb wird zuweilen empfohlen, Löcher in die Eisschicht zu hacken.

Diese Methode kann aber gerade für Fische, die so jäh aus der Winterruhe gerissen werden, verheerend sein. Schmelzen Sie besser mit heißem Wasser vorsichtig Lücken in die Eisdecke. Dort können Sie dann einen Eis-freihalter aus dem Fachhandel einsetzen, was sich bereits als Vorbeugungsmaßnahme im Spätherbst empfiehlt. Für die kurzfristige Erhöhung des Sauerstoffgehalts lässt sich eine Belüftungspumpe verwenden, langfristig hilft ein Oxidator (Keramikgefäß mit Wasserstoffperoxid-Lösung), der im Teich aufgestellt wird. Dieses Hilfsmittel lässt sich das ganze Jahr über nutzen, gerade wenn Sauerstoff-Eng-pässe drohen, im Winter wie im Hochsommer. Daneben ist es vorteilhaft, über Winter die Stängel und Halme von Sumpf- und Wasserpflanzen stehen zu lassen, denn sie halten kleine Luftkanäle in der Eisschicht frei.

AUCH FALSCH!

Windige Wetterprognosen

Bauernregeln? Alles Unsinn

»Kräht der Hahn auf dem Mist, ändert sich's Wetter – oder es bleibt, wie es ist.« Dieser Wetterprognose-Reim nimmt amüsant die alten, immer wieder gern zitierten Bauernregeln auf die Schippe. Und sicher gibt es unter den Hunderten von überlieferten Merksprüchen viele, die bestenfalls Zufallstreffer mit der Wahrscheinlichkeit von 50 % landen: Entweder es regnet, oder es regnet nicht. Das betrifft besonders wagemutige Langfrist-Prognosen: Sprüche im Stil von »Wie der August war, wird der nächste Februar« treffen selten zu. Manchmal verbergen sich hinter solchen Vorhersagen eher die Hoffnungen der bäuerlichen Ahnen oder auch Aberglaube.

Doch grundsätzlich sind die Bauernregeln, die meist im 12. bis 14. Jahrhundert ihren Ursprung haben, weit mehr als launische Reime. Viele zeugen davon, dass die Bauern früherer Zeiten die Wetter- und Naturentwicklung sehr genau beobachteten – davon hing schließlich ihre Existenz ab. Und so können sie noch den heutigen Gärtnern helfen, das Gespür für den Wetterverlauf zu schärfen. Kurzzeitprognosen wie »Morgenrot – Schlechtwetter droht« oder die Frühherbstregel »Wenn die Spinnen weben im Frei'n, kann man sich lange schönen Wetters erfreuen« sind nach wie vor recht verlässlich.

Viele alte Wetterweisheiten belegen auch solides Wissen über bestimmte Regelmäßigkeiten im Jahresverlauf. »Ist bis Dreikönigstag (6.1) kein Winter, so kommt auch keiner mehr dahinter«: Diese Beobachtung beispielsweise stimmt bis heute noch in sechs bis sieben von zehn Jahren, je nach Region. Tatsächlich muss man bedenken, dass die Bauernregeln in verschiedenen Landstrichen entstanden sind und nie als deutschlandweite Vorhersagen gedacht waren. Trotzdem finden Meteorologen, die Bauernregeln genau unter die Lupe nehmen, erstaunlich viele, die überall zu fast 70 % zutreffen, also durchschnittlich in zwei von drei Jahren. Darunter fällt z. B. die Vorhersage »Viel Regen im Februar, viel Regen im ganzen Jahr.«

Die Eisheiligen sind Schnee von gestern

96

Mamertus, Pankratius Servatius, Bonifatius, Sophie – das sind im Kirchenkalender die Heiligen, denen die Tage zwischen dem 11. Mai und 15. Mai gewidmet sind. Sie tauchen auch in vielen Bauernregeln auf, und zwar ziemlich respektlos. So heißt es z. B.: »Pankrazi, Servazi und Bonifazi sind drei frostige Bazi. Und zum Schluss fehlet nie die kalte Sophie.« Bis weit ins 20. Jahrhundert hinein gab es früher gegen Mitte Mai fast regelmäßig einen Kälteeinbruch mit den letzten Nachtfrösten. Deshalb wurden die Genannten als »Eisheilige« eingestuft. Heute jedoch stellen sich um Mitte Mai oft schon sommerliche Temperaturen ein. So scheint es nicht mehr nötig, das Ende der Eisheiligen abzuwarten, um Tomaten, Balkonblumen und andere kälteempfindliche Pflanzen auszupflanzen und Kübelpflanzen ins Freie zu stellen.

Doch die Eisheiligen melden sich immer mal wieder zurück, und werden dann besonders gefährlich, wenn man sich beim Pflanzen schon allzu sicher gefühlt hat. Gärtnern, die in etwas raueren Lagen zu Hause sind, passiert das seltener, denn da weiß man noch die alten Regeln zu beherzigen: Im Alpenvorland etwa haben sich die Eisheiligen nie so rar gemacht wie in den eher klimamilden Regionen. Und selbst wenn die Spätfröste ganz ausbleiben, ist etwas Vorsicht geboten: Auch bei einem überaus wonnigen Maianfang stellen sich in der dritten oder vierten Maiwoche häufig kühl-nasse Wetterlagen ein.

97 Das mit dem Siebenschläfer stimmt doch nie

»Regnet's am Siebenschläfertag, es noch sieben Wochen regnen mag« ist ein Klassiker unter den überlieferten Bauernregeln. Dass es nach einem Regen am 27. Juni, dem Siebenschläfertag, noch genau sieben Wochen weiterhin vom Himmel tropft, ist natürlich sehr unwahrscheinlich.

Aber die alten Bauernpoeten reimten gern anschaulich und mit einprägsamer Symbolik. Nimmt man die Wochenanzahl nicht ganz so genau, lässt das Wetter am Siebenschläfer durchaus Rückschlüsse auf die nächste Zeit zu, allerdings nach der Statistik nicht allzu deutlich und nur in manchen Regionen.

Gerade die Siebenschläferregel demonstriert aber auch, dass solche an bestimmte »Lostage« gebundenen Prognosen im Lauf der Geschichte verzerrt wurden, und zwar durch eine rigorose Kalenderreform im Jahre 1582. Seinerzeit ließ Papst Gregor XIII. auf einen Schlag 10 Tage aus dem Kalender streichen, weil sich durch Unstimmigkeiten im alten römischen Kalender der Frühlingsanfang stark nach hinten verschoben hatte. Da die Siebenschläferregel vermutlich vorher entstanden ist, muss man also auch das mittelalterliche Stichdatum um 10 Tage nach hinten verschieben. Dann fällt der »aktualisierte« Siebenschläfer auf den 7.7. Und tatsächlich stellt sich um diese Zeit sehr häufig eine stabile Großwetterlage ein, die die Witterung der nächsten Wochen bestimmt – egal, ob diese nun regnerisch oder sonnig ist.

Kalter Winter, heißer Sommer

98

»Je frostiger der Januar, desto freundlicher das ganze Jahr« ist eine der vielen Bauernregeln, die einen deutlichen Zusammenhang zwischen einem strengen Winter und einem warmen Sommer nahelegen. Das glauben selbst viele Bauernregel-Skeptiker – vielleicht gerade deshalb, weil sich Jahre mit solch markanten Kontrasten besonders gut einprägen.

Doch gemäß den langjährigen meteorologischen Statistiken trügt hier oft die Erinnerung. Mit etwas gutem Willen lässt sich aber wenigstens eine leichte Tendenz zu solch einem Kalt-Warm-Kontrast ablesen: Er tritt mit etwa 60%-iger Wahrscheinlichkeit auf, also immerhin knapp über der Zufallsquote. Etwas treffsicherer ist erstaunlicherweise der Umkehrschluss: »Juli trocken und heiß, Januar kalt und weiß« bewahrheitet sich in manchen Regionen in sieben von zehn Jahren; zumindest in Bezug auf die Januarkälte, weniger auf den Schneefall.

99 Am Hundertjährigen Kalender ist schon was dran

Der im 18. Jahrhundert entstandene »Hundertjährige Kalender« fasziniert noch heute viele Menschen. Die Vorstellung, dass sich Wetterverläufe in großen Zyklen wiederholen, die vielleicht die moderne Meteorologie gar nicht erfassen kann, hat ihre Reize. Schließlich zeugen auch die Bauernregeln von jahrhundertealter Wettererfahrung. Und manchmal sind die Prognosen im »Hundertjährigen« erstaunlich treffsicher.

Unterm Strich schafft der »Hundertjährige Kalender« allerdings nur Zufallstreffer, was sich schon aus seiner Entstehungsgeschichte erklärt. Die begann mit dem Abt Mauritius Knauer. Dieser Kirchenmann notierte von 1652 bis 1659 täglich genau den Wetterverlauf in seiner Heimat in Bamberg. Dabei beließ er es – denn wie viele seiner Zeitgenossen glaubte er, dass Wettergeschehen und Weltenlauf einem siebenjährigen Rhythmus unterliegen. Dabei wurde ein jährlich wechselnder Einfluss von sieben Planeten vermutet, nämlich Sonne, Mond, Saturn, Jupiter, Mars, Venus und Merkur.

Als der Erfurter Arzt Christoph Hellwig einige Jahrzehnte später auf diese Aufzeichnungen stieß, witterte er vor allem ein gutes Geschäft. Er rechnete Knauers siebenjährige Beobachtungen auf hundert Jahre hoch, für den Zeitraum von 1701 bis 1801. Dabei änderte er Knauers Notizen für seine Zwecke teils kräftig ab. Als sein Werk in Druck ging, gerieten dann noch einige Passagen gehörig durcheinander. Dessen ungeachtet wurde sein Kalendarium sehr erfolgreich, oft nachgedruckt und auf die folgenden Jahrhunderte übertragen, wobei etliche Bearbeiter die Texte neu »überarbeiteten«.

Schon die Allgemeingültigkeit der Notizen des Mauritius Knauer lässt sich aus guten Gründen bezweifeln. Durch die nachträgliche »Verwertung« wurden sie schließlich mehr oder weniger zu einem Fantasieprodukt.

Zum Autor

Joachim Mayer sammelte seine ersten »grünen« Erfahrungen als Kind im elterlichen Garten. So richtig erwachte die Gartenliebe aber erst, als er – angesteckt vom Biogarten-Trend der 1970er – seinen ersten eigenen Garten pflegte. Auch kleine und größere Irrtümer konnten ihm die Freude am Gärtnern nicht vermiesen, sodass er schließlich eine praktische Berufsausbildung im Gartenbau absolvierte. Danach hatte er immer noch nicht genug und widmete sich dem Studium der Agrarwissenschaften, u. a. mit den Schwerpunkten Obst-, Wein- und Gemüsebau sowie Arznei- und Gewürzpflanzenanbau.

Als frisch gebackenen Diplom-Agraringenieur führten ihn schließlich verschlungene Pfade in die Garten-Redaktion eines großen Ratgeberverlages. Dort entdeckte er, was ihm neben dem praktischen Gärtnern am meisten Spaß macht: das gesammelte Gartenwissen für Hobbygärtner anschaulich und verständlich darzustellen und ihnen dabei zu helfen, Denkfehler und Schnitzer zu vermeiden.

Dieses Anliegen umtrieb ihn dann auch, als er sich vor vielen Jahren selbstständig machte – als Buchautor, Gartenjournalist und Berater von Hobbygärtnern. Nebenbei überprüft er seine Empfehlungen und Erkenntnisse tatkräftig im eigenen Garten – und muss dabei gelegentlich feststellen, dass man selbst nach langjähriger Gartenerfahrung vor Irrtümern nicht ganz gefeit ist und immer wieder etwas dazulernt.